弔い怪談
呪言歌

しのはら史絵

竹書房
怪談
文庫

目次

※本書に登場する人物名は、様々な事情を考慮してすべて仮名にしてあります。また、作中に登場する体験者の記憶と体験当時の世相を鑑み、極力当時の様相を再現するよう心がけています。現代においては若干耳慣れない言葉・表記が登場する場合がありますが、これらは差別・侮蔑を意図する考えに基づくものではありません。

弔い怪談

呪言歌

しのはら史絵 著

冷蔵庫

省吾《しょうご》さんには忘れたくても忘れられない夢がある。

夢といっても〈将来実現させたい目標〉のことではなく、眠っている時に見る夢のことだ。

その夢は子供の頃の彼が、暗闇の中を一人きりで、灯りを求めて彷徨い歩く場面から始まった。

自分は道に迷ってしまった。

とにかく、灯りがついている家を見つけて助けてもらおう。

心細さと不安、また暗闇をたった一人で歩く恐怖を必死に抑えて進んでいくと、古い団地が見えてきた。

そこは小学校時代の友人である○○君が住んでいる団地であった。

○○君と書いたのは、夢の中でどうしても名前が思い出せなかったからだ。

でも、○○君の家に行けば助けてもらえる。

電話を借りて、親に迎えに来てもらおう。

そう考えた省吾さんは、急いで団地の中に入っていった。

階段を駆け上り三階に来た。長い外廊下を渡り、確か○○君の家はここだったなと、あるドアの前で呼び鈴を鳴らす。

けれど、何度呼び鈴を押しても、誰もいないのか何の反応もなかった。

家族でどこかに出かけているのかも……。

○○君一家が帰ってくるまで待っていようかと迷っていると、省吾さんはあることに気が付いた。

この団地全体、人の気配が全くしないのだ。

勇気を出して別の部屋の呼び鈴を押しても、やはり誰も応答しない。

静まり返った団地の中で不気味さを感じた省吾さんは、急いで出ようと長い廊下を走った。

すると駆け足の最中、どこからともなくコンコン、コンコンと連続で何かを叩いている音が響いてきた。

もしかすると、この団地の中で工事をしているのかもしれない。

だからみんな居ないんだ。

そう納得した彼は、工事中の作業員に助けを求めようと耳を澄ませ、音が鳴る方へと歩いて行った。


行きついた先は一階にあったゴミ置き場だった。

ゴミ置き場には大きな冷蔵庫以外、何もなかった。その冷蔵庫の中から、コンコンという音がしていたのだ。

嫌な予感がする。

冷蔵庫のドアを開けずに団地から出ようと考えていると、ギーッと音を立ててドアが開いた。

冷蔵庫の中には、自分と同い年くらいの男の子が横向きに蹲《うずくま》っていた。

横顔は髪に隠れて見えなかったが、その男の子は自身の拳を握ってコンコンコンコンコンと冷蔵庫の中を叩いている。

何をしているの？

そう声をかけようとした瞬間だった。

「ひ」

振り向いた男の子は口から真っ赤な舌をべろりと出し、その両目は真っ白で黒目がなかった。

省吾さんはそこで目が覚めた。

夢だと分かるとホッと安堵のため息が出る。

あまりにも生々しく不気味な夢であったためか、全身嫌な汗をびっしょりとかき、心臓はバクバクと早鐘を打っていた。

明日は早めに出勤しないといけない。

呼吸を整え目を瞑りまた眠りにつこうとすると、キッチンの方からコンコン、コンコンという音がした。

省吾さんは一人暮らしであった。台所には誰もいるはずがなく、またコンコンという音は夢で見た男の子が出していた音とそっくりであった。

まさか、な。

怖かったが恐る恐る目を開け、周囲を窺った。この部屋には何もないと分かると、そろそろと身体を起こし電気をつけた。

薄暗い台所をそっと覗くと、怪しい人影もないし、誰かいたような痕跡も見当たらなかった。

「何やってんだよ、俺は……」

そう独《ひと》りごちて部屋に戻ろうとすると、ハッと気が付いた。

冷蔵庫の上に丸く膨らんだ袋のようなモノが置かれている。

自分で置いた記憶はない。じっと目を凝らすと正体が分かった。

小学校低学年くらいの小さな子の丸まった背中。夢でみた男の子が冷蔵庫の上で、後ろを向いてしゃがんでいるのだ。

その男の子はこちらを振り向いた瞬間、

「とむらいでーす」

そう呟いて、瞬く間に消えた。

省吾さんは部屋に戻ると布団に潜り込み、朝まで震えていた。

それから一か月ほどが経ち、男の子の正体が分かった。

お盆に郷里に帰省した際、久々に昔馴染みと集まり酒を酌み交わした。

初めのうちは自分たちの近況報告で盛り上がっていたが、その場に参加していた一人が「なあ、高橋って覚えてる？」と言い出した。

「高橋……ああ、居たなあ」

「居た居た。団地で見つかった奴だろう」

「あれは、可哀そうなことをしたなあ」

皆、懐かしがるように、でもどこか悲し気な表情で話していた。

「え、高橋って誰だっけ？」

覚えていなかった省吾さんが訊くと、

「あいつだよ、小学二年の時に同じクラスだった。俺たちの後ろをいつもくっついてきた、あのチビだよ」

「高橋とみんなで、団地の中でかくれんぼしただろ？」

「そうそう。建て直す予定の団地で立ち入り禁止になっていたけど、誰もいなかったから俺たちが無断で入ったんだよな」

「そこで、巨大かくれんぼだってはしゃいでさ。お前が鬼だったよな。でも、広すぎて、かくれんぼにならなかったんだよ」

「で、途中で飽きたお前が〝もうやめようぜ〝って大声でみんなを呼んで。俺たちはお前の声に気付いて出てきたけど、高橋だけはどこを探しても見つからなくてさ」

「まあ、高橋もそのうち家に帰るだろって。俺たちはそこで解散しただろ？」

省吾さんは冷や汗をかいていた。皆の話を訊いているうちに思い出したのだ。

そして、あの男の子の正体も。

「たしか、高橋は……」

彼はそこまで言うと言葉を飲み込んだ。

「ああ、夜になっても帰ってこないって、高橋の両親が大騒ぎして。警察沙汰になったんだよな。俺たち泣きながら団地で遊んでいたこと話したっけ」

「ほんと、可哀そうなことをしたよな。まさか、壊れた冷蔵庫の中に入ってたって思わなくてさ」

警察が捜査した結果、高橋君の遺体は粗大ゴミ置き場に置いてあった冷蔵庫の中から見つかった。

窒息死だった。

「おい、省吾。顔色が悪いぞ。大丈夫か？」

「——ああ、少し呑み過ぎたみたいだ」

省吾さんは誤魔化すようにそう言うと席を立った。

何で今頃……。

それに何で俺のところに……俺が鬼だったからか。

トイレで用を足しながら考えていると、コンコンとドアがノックされた。

ドキッとした。ドアを開けたら、高橋が立っているかもしれない。

いや、こんな賑やかなところで幽霊なんて出る訳ないか。

用を足し終え、出ようか出まいか逡巡していると視線を感じた。

つられるように顔を上げた瞬間、ギョッとした。

トイレの小窓にあの高橋の顔が張り付いていたからだ。

「とむらいでーす」

後日、省吾さんは高橋君の墓参りに訪れた。

それでも高橋君の付き纏いは止むことはなく、ノイローゼ気味になった省吾さんは、現在精神科に通院している。

おかあさん

腰を痛めた理央《りお》さんは、治療のため実家に帰っていた時期がある。帰る前は会社近くの病院に通院していたが一向に改善せず、それならばと実家近くの病院に通おうと考えたからだ。

しかし、新しく通い始めた病院では処方された薬の効果が強く、自律神経が乱れてかえって体調を崩してしまった。別の薬に変更してもらったが、それでも体調はなかなか回復しなかったそうだ。

そんな夏のある日。

その日は猛暑であった。暑さにやられ体調を崩した理央さんは、昼食を取ったあと自分の部屋で寝ることにした。

彼の部屋は玄関から入ってすぐの和室。暑かったので襖を閉めず、顔を上げると玄関が見える位置に布団を敷き、何も身体に掛けずに横になっていたという。

しばらくすると、彼の妹が帰ってきた。

時刻は十三時半を過ぎていた。

妹は地元の町医者で受付をしていた。その日のシフトは元々、半日で終わる予定で、仕事が終わると真っすぐに帰宅したのだという。

妹は昼食を取ると、これから母親と二人で出かけてくると伝えてきた。

行き先は地元にある大型ショッピングセンターであった。

二人が家を出たのは十四時頃であったと思う。理央さんは二人に「いってらっしゃい」と声をかけたあと、いつのまにか眠ってしまったそうだ。

途中で寝苦しさを感じ、目が覚めた。

時計を見ると、十五時半を回っていた。

自分は母親たちが出かけてから、一時間半ほど寝ていたらしい。

腰をかばいながら寝返りを打とうとすると、すぐに違和感を覚えた。

身体が動かない。

首から下が、手足が、どんなに力を入れても全く動かなった。

これは、金縛りなのか——。

首や目を懸命に動かし周囲を見回すと、部屋の入口の上部に真っ黒な靄《もや》のようなモノが浮かんでいた。よく見ると、黒い靄の中には小さな男の子が横たわっていた。

何だ、あれは。

身体が全く動かない上に、妙なモノまで浮かんでいる。

初めて見る光景に恐怖を覚えて狼狽し始めた時、買い物に行っていたはずの母親が部屋に入ってきた。

いつのまに帰ってきたのだろう。襖は開いていたから、いくら寝ていたとしても帰ってきた時に気が付くはずだが――。

腑に落ちずにいると、母親は近くに置いてあったタオルケットを、彼の身体にかけてきた。

そして耳元でこう囁いてきたという。

「あれは見なかった。いいね？」

理央さんはその言葉を聞いたあと、意識を失った。

彼が次に目覚めたのは、母と妹が帰ってきた時である。

玄関のドアが開き賑やかな声が聞こえてきて、目が覚めたのだ。

母親は今帰宅してきた。

では、先程の出来事は夢だったのか――。

寝ぼけた頭でぼんやり考えていると、自分の身体の上にタオルケットが掛かっていることに気付いた。

思わず、ゾッとした。

いや、もしかしたら途中で何か忘れ物をしたことに気付き、帰ってきたのかもしれない。

その時、時計を見たら十六時半であった。

腰の痛みを我慢して起き上がった理央さんは、母親に一時間前に一度家に戻ってきたかを尋ねてみた。

しかし母親には、

「戻ってないわよ。少し距離があるんだから、わざわざ戻る訳ないでしょ」

と即座に否定されてしまった。

確かに地元とはいえ、家からショッピングセンターまでは車で三十分ほどかかる。

理由もないのに戻ってくるとは思えない。

では、あの時に見た母は——。

あの黒い靄のようなモノの中に横たわっていた男の子は何だったのか。
理央さんは今でも分かっていないそうだ。

うつつ

夕方、仕事帰りに従兄の訃報を受けた。

父親も自分に知らせるか迷ったのだろう。通夜は今晩行うと、急な連絡であった。

すぐさまその足で東京駅に行き、構内に溢れている人混みをかき分け、故郷へ向かう新幹線の切符を買った。

飛び乗った車内は空いており、窓際の席に腰を下ろした。

窓の外はもう暗く、ビルやマンションの灯りが猛スピードで目の前を流れていく。

この景色を眺めていると、上京してきた頃の情景を思い出す。

家を飛び出し、十年の月日が流れた。

実家を捨ててきた理由。それは母親の病気が原因であった。

母の様子がおかしいと気付き始めたのは、小学四年生の頃。

簡単な食事の用意だけしかしなくなり、あとは呆けたように窓の外を見ている日が多くなった。しばらくすると部屋の隅にしゃがみ込み、怯えたように「みんなが私の悪口を言っている」と、ありもしないことを呟くようになった。

母がおかしくなるにつれて部屋は散らかり、台所のシンクには汚れた食器が山積みになっていった。見かねて掃除をすれば「私の家を壊さないで！」と殴られた。

夜になれば「助けて！」と喚き散らし、最終的には絶叫する。近所の人が母親の叫び声を聞きつけ、警察が家に来たことも度々あった。

入退院を繰り返した母。だが、入院すれば一時的には良くなるが、退院すればまた元に戻ってしまう。

そして、次第に床に伏すようになっていった母を看るのは、多忙な父に代わり一人息子である自分しかいなかったのだ。

母の病気が発症してから数年が経った。

小学校も中学校も、まともに通えるはずがなく、かろうじて入学できた定時制の高校では、学校側が事情を汲んでくれてなんとか卒業できた。

卒業しても明るい未来などもなく、バイトをしながら母の介護は続いた。

家を出る発端となったあの日。

朝、自分の部屋で極力音を立てずに出かける支度をしていると、いつも通りいきなり母が入ってきた。

「どこに行くのっ」いつも部屋に入ってくる前から、母は怒っていたのだろう。目に角《つの》を立ててすごい剣幕で訊いてきた。

「いつもと同じ、バイトだよ」

「嘘よ。母さんを捨てて、出ていくつもりなんでしょ!」

「そんなことするわけないだろ。もうすぐヘルパーさんも来るから」

「ヘルパー？　あの女、お父さんと一緒になって私を殺そうとしてるのよ」

そんな女と二人きりにしないで。母さんが殺されてもいいの。お願いだから助けて。母さんを見捨てないで、一人にしないで。どこにも行かないで、お願い。

そう叫びながら、母親は必死に腕にしがみついてくる。

うんざりするこのやり取りは、毎朝の日課になっていた。

この頃の母親は父とヘルパーが結託して、自分の命を狙っていると思い込んでいた。

散々暴れて悪態をつく母親に嫌気がさし、辞めていったヘルパーは何人もいる。

私はいずれ殺される。助けてくれるのは息子しかいない。それなのに、その息子が自分を捨てて家を出ようとしている――いくら違うと説明しても、母の頭の中にはこのようなストーリーができあがっていた。

助けて。どこにも行かないで。と、連呼する母親を宥めながら、いつものように優しく腕を振りほどこうとした。

だがその日に限って、それが母を爆発させるスイッチになった。普段ならぶつぶつ言いながらも自分の部屋に戻っていた母が急に暴れ出したのだ。

みんな、私を邪魔者だと思っている。私がいなくなればこの家は平和になるって、あんたも思ってるんでしょ。私、知ってるんだから。朝ご飯にも毒が入ってた。あんたが入れたんでしょ。薬とか言ってるけど、あれも毒なんでしょ。私は騙されないからね。

母はそう絶叫しながら腕をでたらめに振り回し、殴打を繰り返した。それから机の上に置いてあったカッターナイフを手に取ると、「あんたを殺して私も死ぬっ」と、刃を向けてきた。

「危ないから、こっちに渡して」

刃を向けられて慌てたが、母を更に興奮させてはいけないと、落ち着いた声で語り掛けた。それでも母は腕を振り回し、カッターナイフで切り付けてこようとした。カッターナイフを取り上げようと揉み合っているうちに、母を突き飛ばしてしまったのだ。

よろけた母はタンスの角に頭を打ち、四針縫う怪我を負った。

医師からの説明によると頭の傷はすぐに治るが、大事をとって一日検査入院させるとのことであった。

心配しなくても大丈夫と言われ、ホッと胸を撫で下ろしているとスマホが鳴った。

画面を見ると、バイト先の店長からだった。家を出る前、遅れると電話をしたはずだったが……。

「悪いけど、もう来なくていいから」

やっぱりな……落胆したが、一応クビの理由を訊いてみた。

「どうしてですか？　僕、他のみんなよりも真面目に働いてましたよね？」

「君はちゃんと働いてたよ……でも、こうも遅刻や早退が多いとね……」

店長は言い辛そうに告げると、電話を切った。

これで何度目のクビだろうか。母の病気が治らない以上、他の人よりハンデがある。だから仕事は人一倍努力してきたが、報われたことは一度もなかった。

意気消沈して帰宅すると、しばらくして伯母――母の姉が家にやってきた。

伯母は近所に住んでいながらも滅多に顔を出さないが、家に救急車が来たことを知り様子を見にきたと話していた。

ヘルパーから大体の事情は訊いていたのだろう。

伯母は家に上がると開口一番、「酷いじゃないっ」と罵ってきた。

「妹に怪我さして。まさか、乱暴に扱ってないでしょうね？」

「ちゃんと看病してるの？」

続けざまに伯母から詰問されたが、何も答えなかった。一度たりとも介護に協力してくれることはなかったのに、罵倒のような口だけは出してくる。

もう、限界だった。

自分の人生を犠牲にしてまで母に尽くしてきた。その結果がこれだ。

何か言いかけていた伯母を無視し、自室に行った。そして簡単に荷物をまとめて、すぐに家を飛び出したのだ。

以前から薄っすら考えていた東京に行こう。

あそこまでいけば、親も親戚も追いかけてはこないだろう。

一つだけ心残りがあるとすれば、従兄のことだった。

従兄は母の病気が発症してから、何かと気にかけてくれた。休みの日には母の介護も手伝ってくれ、兄のように慕っていた。家を出ていく時、従兄にだけは挨拶をしたかったが、騒ぎになるかもしれないと黙って上京したのだ。

その従兄が死んだ。

もう二度と故郷に戻るまいと誓っていたが、従兄に最期のお別れをしたかった。

田舎の住宅地。空き地の隣に建っている古ぼけた一軒家――十年ぶりに見る実家だった。

錆びついた門扉、荒れ果てた庭、居間の窓はひび割れたまま、昔の原型を保っている。

全て忘れようと努めていた。だが、時おりまぶたに浮かんでいた光景が目の前にあった。

実家のチャイムを押すと父親が出迎えてくれた。

父は一言「うん」とだけ頷き、家に入るよう促した。

客間の奥では通夜振る舞いが始まっていた。大勢の親類縁者たちの間を行き来しているのは、一回り小さくなった母だった。

病気が寛解《かんかい》したのか――？

見つめていると母と目が合った。母は小さな子供を見るように目尻を下げて微笑むと、また忙しそうに動き回っていた。

親類縁者たちが集まっていること以外、母が病気を発症する前と変わりなく見え、まるで時を巻き戻したかのような懐かしさを覚えた。

「心配してたんだぞ」

「あの時は力になれなくて悪かった」

「もっと沢山、顔を見せに来い」

母を見捨てた自分。帰省すれば親戚たちから一斉に責められると身構えていたが、皆温かい言葉をかけてくれた。

心のどこかで母を捨てたことに負い目があったのだろう。自分はここにいてもいいのだという感慨が湧いてきた。


親戚たちにつかまりしばらく話していると、父親から声をかけられた。

「母さん、見なかったか」

母さんならさっき外に出ていったはず。

呼んでくると席を立ち、母を探した。玄関先を覗いてもいない。ならばと庭にいくと納屋の中に母親はいた。忙しそうに空き瓶をビールケースにしまっている。

「母さん」緊張で、我知らず声が震えた。

すると母親はゆっくり振り向き、こちらに近づいてきた。

「ネクタイが曲がってる。駄目じゃない、ちゃんとしないと」

と、優しい声でネクタイを直してくれる。

母さん、今までごめん。

涙を堪え、幸せに浸っていると後ろから怒声が飛んできた。

「何やってんだ！」

振り向けば父親が血相を変えて立っていた。

「死ぬつもりなのか！」

「え」

気が付けば母の姿はどこにもなく、自分は鎌を持って首筋に当てていた。

首からは薄っすらと血が滲んでいた。

「――あれ、母さんは？」

「何を言ってるんだ。母さんは死んだじゃないか」

その日は母親の通夜だった。

とある喫茶店でこの話を聴いていた私は、思いもよらぬ展開に絶句した。

「父から連絡を受けた時は、従兄が亡くなったってはっきり聞いたんです」

だが、手当を受け客間に戻ると、喪服を着た従兄がいた。

「考えてみればおかしな話なんですよね。従兄の葬儀をなぜ僕の実家でやるのか」

そう語ってくれた優一さんに、私は思い切って尋ねてみた。

「お話の中で〝母親を捨てた罪悪感があった〟とおっしゃっていましたよね。罪悪感に苛まれ、幻覚を見たということではないでしょうか？」

優一さんは静かに首を横に振った。

「母の怨念に操られたんだと思います。その証拠に――」

言い終わらぬうちに、優一さんの首元に異変が起こった。

「！」

優一さんの襟元が赤く染まってきた。彼は青いシャツを着ていたのだが、みるみるうちに襟元に血が滲んできたのだ。

私が狼狽えていると、彼は取り出したハンカチで首元を押さえだした。

それは慣れた手つきであった。

「大丈夫です。すぐ止まりますから」

あの時自分の手で、鎌でつけた傷は縫うこともなくすぐにふさがった。

薄っすらと傷跡は残ったが、この話を誰かにすると必ずその傷跡から出血するのだと、優一さんは話してくれた。

「母は亡くなっても尚、僕のことを恨んでいるんでしょう。きっと僕が死んだら、地獄に連れて行くと思いますよ」

彼は寂しそうに笑いながらそう話を結んだ。

奇妙な客

「子供の頃の記憶なので、少し曖昧な部分もあるかもしれません」

女子大生の真由《まゆ》さんは自信なさげにそう話すと、小さい頃に体験したことを語ってくれた。

ある休日の昼下がり。

家族四人、ダイニングで昼食を取っていると、家の電話が鳴った。

食事を中断し、リビングにある電話に出たのは母だった。

この頃はすでに携帯電話が普及していた時代。小学生だった真由さんと妹は持ってはいなかったが、両親は二人とも所持していた。

親戚や知り合いからの電話は両親どちらかの携帯にかかってきていたので、家の電話が鳴るのはセールスマンからの営業ぐらいであった。

どうせ、またその手の電話だろう。

セールスの電話であれば母はいつも問答無用で切っていたので、すぐに戻ってくると思っていた。

だが、十分ほど経ってみんながご飯を食べ終わっても、母は戻ってこなかった。

早く戻ってこないと、ご飯が冷めてしまう。

気になった真由さんはリビングを覗いてみた。

母は眉間にしわを寄せ深刻そうな顔をしながら、まだ電話で話をしていた。

何を話しているんだろうと聞き耳を立てても、小声で話しているので聞き取れない。すると、そこへ父親がやってきた。

「向こうに行ってなさい」

父は怖い顔でぴしゃりと言うとリビングに入り、ドアを閉めた。

急に機嫌が悪くなったのかな。

父親はいつも大らかで笑顔が絶えない人だ。先ほど昼食を食べていた時も、冗談を言ってみんなを笑わせていた。

それなのに、今は人が変わったように険しい顔をしていたのだ。

真由さんは戸惑いながらも、妹と一緒に二階の子供部屋に向かった。


父と母はしばらくリビングから出てこなかった。

妹と夢中になって遊び、気が付くと日が暮れ始めていた。

そろそろお腹が空いたと話していると、母親がおやつとジュースを持って部屋に入ってきた。

「これからお客さんが来るから、これを食べて大人しく待ってるのよ」

母はピリピリとした表情と厳しい口調で言ってきた。そしてお客が帰るまでリビングには絶対来るなと何度も念押しし、部屋から出ていった。

「お母さん、どうしちゃったのかなあ」

まだ幼い妹もこの母親の態度を見て、昼ご飯を食べていた時と全く様子が違うことを訝《いぶか》しんでいた。真由さんは父の様子もおかしかったことを伝えた。

これから来る客とは誰なのか。

なぜ、父と母の様子が急に変化したのか。

予想もつかなかったが、真由さんと妹はおやつを食べながらあれこれと話していた。

ピンポーン。

玄関のチャイムが鳴った。扉が開き、人が入ってくる音が聞こえてくる。

けれども、客を迎え入れる時の両親の話し声、更にお客の声も一切聞こえてはこなかった。

廊下を歩く足音だけが響く。

二人は何となく気味の悪さを感じ、押し黙ったという。

「今来た人が、怖い人だったらどうしよう。怖い顔した男の人だったらやだな」

先に口を開いたのは妹だった。

妹は怖がりで心配症な面がある。そのせいで不安がるのだろうと真由さんは思ったが、両親の態度に違和感を覚えていた彼女も徐々に心配になっていった。

「こっそり覗いてみようか？」

二人は忍び足で階段を下りると、リビングのドアを少し開けて覗いてみた。

両親は並んで座っていたが、妹の頭が邪魔で、テーブルを挟んで座っている客の姿がよく見えなかった。見えていたのは黒い着物の胸から帯の辺りだ。両胸には家紋が付いており、お葬式の時に女の人が着る着物――黒紋付のようだった。

誰かが亡くなったから、父も母もピリピリしていたのだろうか。

でも普通、誰かが亡くなれば悲しい顔をするのではないか。

それと、女性が誰なのかも気になった。もしかしたらよく遊びに来る叔母かもしれない。

「見えないからどいて」

小声で妹にそう伝えると、妹は心なしか青ざめていた。

「お姉ちゃん、あれ……」

妹は後ろに下がりながら、震えた声でリビングに向かって指をさした。

何なのよ、と思いつつ覗いてみた真由さんは絶句した。


首から上が、ない。


黒紋付を着た女の人は、良く切れるギロチンで綺麗に切断されたかのように、首から上がなかった。

真由さんは危うく出かかった悲鳴を抑えるため、すぐさま手で口をふさいだ。

首がない人を相手に父と母は深刻そうな顔で、声をひそめて話し込んでいる。

小声なので内容までは分からなかったが、日本語で話しているようには聞こえなかった。

怖い。

思わず振り返り妹を見ると、妹は相変わらず青い顔をして真由さんを見ていた。

この場にいたらマズいと二人とも思ったのだろう。お互い頷き合い、忍び足で二階に上がった。


子供部屋に戻ると真っ先にベッドに向かった。

普段、真由さんは二段ベッドの上段で寝ているのだが、妹がどうしてもと言うので下段に潜り込んだ。

一体、さっきの人は何なのか。

両親とはどういう関係なのか。

なぜ、両親は首から上がない人と話ができるのか。
そして、何の話をしているのか。
ベッドの中では妹とそんな話を延々としていたと思う。
話をしているうちに真由さんたちはいつの間にか眠ってしまった。

「あなたたち、洋服のままで寝たの？」
朝、真由さんたちを起こしにきた母は二人を見て呆れていた。
その顔は昨日のような険しい顔ではなく、いつものような穏やかさがあった。
服を着替えて一階に下りると、スーツを着た父親が朝食を食べていた。
「早く食べないと遅れちゃうぞ」そう笑う父も普段通りであった。
昨日のあれは一体、何だったのか。
夢でも見ていたのだろうか。
洋服のまま寝ていたのも、妹と遊んでいるうちにそのまま寝てしまったのかもしれない。

そう思ってしまうほど、父も母も昨日とは打って変わっていつもと同じ様子であったのだ。

だが、父と母を見る妹は酷く怯え、すぐ真由さんの後ろに隠れようとする。そして「昨日の人、また来るのかなあ」と小声で訊いてきた。

そんな妹の言動は、昨日の出来事は現実に起こったことだと物語っていた。

どうしても気になった真由さんは、父が出かけたのを見計らって、思い切って母親に尋ねてみた。

「お母さん、昨日来たお客さんって誰？」

リビングを覗いたことがバレないように、首がない女の人とは言わなかった。

「え、何言ってるの？　誰も来てないじゃない」

母親は動揺することもなく、ごく自然にそう返してきた。

「まだ、寝ぼけてるの？」と笑う母を見て、彼女はそれ以上のことは訊けなかったという。

それから一週間ぐらいは何事もなく過ぎていった。

妹も父と母に怯えることなく、また甘えるようになっていった。

ある日、真由さんが学校から帰ってくると、「おかえり」と父の声がダイニングの方から聞こえてきた。

え、まだ夕方前なのに？

いつもよりだいぶ早い帰宅に真由さんは驚いたが、「おやつがあるぞー」という呼びかけに、喜んでダイニングに向かった。

「ただいまー。……あれ？」

いると思った父親の姿はなく、テーブルの上にぽつねんと大福が置いてあった。

何だ、ケーキじゃないのか。

少しだけ残念に思い手に取ろうとすると、それは大福ではなく大福に似た違うモノだと分かった。その表面は大福のような粉っぽさがなく、透明感があり、つるつるとしていた。指で触ってみると固めのゼリーのような弾力があった。

新商品のお菓子かと思い、そのまま口にしようとしたところで、いきなり母が駆け込んできた。

「食べちゃ駄目！」

母親はすごい勢いで真由さんが手にしていたお菓子を奪うと、すぐにゴミ箱に捨てた。

何がなんだか分からず真由さんが戸惑っていると、母は作り笑いを浮かべ「新しいおやつを出してあげるから、手を洗ってきなさい」と言ってきた。

一週間前のこともあり、母親のこの不自然な行動に胸騒ぎを覚えた彼女は、家の中全てを見て回り、ついさきほど声が聞こえたはずの父の姿を探したが、どこにもいなかった。

その日、父が仕事から帰ってきた時間は二十時を過ぎていたという。

真由さんだけでなく、妹も家で奇妙な体験をした。

この頃、小学二年生だった妹は普段から母親と一緒にお風呂に入っており、その日の夜も母と入った。

身体と頭を洗い、一緒に湯船に浸かっていると、母親が「今日は百まで数えたら出ようね」と言ってきた。

一、二、三、四、と数えて五十を過ぎた頃、風呂場の外で物音と話し声が聞こえてきた。

「あ、パパが帰ってきたのかも」

父が帰宅し、姉と話していると思った妹は母にそう伝えた。

「そうだね。パパが帰ってきたから」

ここで切り上げようか！

突然、母が大声を出したと思ったら、頭を押さえつけられ湯船に沈められた。必死に顔を上げようとしても、頭を押さえている力が強くて抗えない。

苦しい、息が続かない。

手足をバタバタさせもがいていると、急に手を引っ張られ身体が浮上した。

「大丈夫か！」

目の前にはスーツ姿の父がいた。

そして、一緒に入っていたはずの母親の姿はどこにもなかった。

妹は父に抱きかかえられ、バスタオルを巻いたままソファーに寝かされた。

しばらくして落ち着いてくると涙が止まらなくなり、父にしがみついて先ほど起きたことを全て話したそうだ。

「え、ママは今、真由を迎えに塾に行ってるはずだぞ」

「あ……」

そうだった。今日はお姉ちゃんの塾の日だった。

真由さんが通っていた塾は車で十分もかからない距離にあったが、夜道を一人で歩かせるのは危ないからと、母がいつも迎えに行っていたのだ。

思い返せば、姉が学校から一旦帰ってきてそのあと塾に行った時も、母が姉を迎えに家を出た時も、自分は玄関で二人を見送っていたのだ。

なのになぜ、それらを忘れていたのか。

また、先程まで一緒にお風呂に入っていた母は誰だったのか。

頭が混乱していた妹に父は、「お風呂で溺れてパニックなって、記憶がおかしくなったんだよ」と焦った様子で説明したらしい。

妹の話によれば、父は妹が一人でお風呂に入り、何かの拍子に溺れかけたと考えていたようだった。

次の日、妹は母に連れられ病院に行った。

湯船で溺れたことを聞いた母が心配し、念のため診てもらったのだ。検査の結果はどこにも異常はないとのことだった。

それから母は真由さんを迎えに行く時、必ず妹も一緒に連れて行くようになった。

それだけではなく、子供たちを常に監視するようにもなっていった。

宿題などの勉強は母の目の届くダイニングかリビングでするように言われ、夜は子供部屋に布団を敷き、一緒に寝るようになった。

真由さんは、母の変化に戸惑いを覚えた。

まるで誰かから自分たちを守っているかのようだ。

くだんの首のない女性、食べようとして慌てて捨てられたお菓子、そして妹はお風呂で溺れた――。

自分たちは誰かに命を狙われているのではないか。誰かと言うのはあの首のない女性のことだ。

次第に真由さんはそう思うようになった。

強い恐怖に襲われた真由さんは、本当のことが知りたいと母親に何度も訊いてみたが、母はその度に「そんなことある訳ないでしょ。ただ心配なだけよ」と、呆れたように笑い飛ばしていた。

それから一年が過ぎた頃。

幸い、あれからは何も異常なことは起きていなかった。

普通に過ごしていた真由さんの恐怖心はすっかり薄れていた。中学生になり環境が変わったことも大きく関係していると思う。

ただ、母親の過干渉は相変わらずであった。もう中学生になったというのに、部活で帰りが遅い日は必ず妹を連れて学校まで迎えに来ていた。妹も迷惑がっている。一度、友達の手前、恥ずかしいから止めてとお願いしたが母は承知しなかったという。

真由さんはバスケットボール部に入部していた。

その日も部活があり体育館で練習していると、顧問の先生から急に呼ばれた。

父方の祖母が亡くなったと、家から電話があったらしい。

祖母は一か月ほど前から心疾患で入院していた。

けれども先週家族で見舞いに行った時、祖母は比較的元気でみんなと楽しそうに話をしていた。だから、こんなに早く亡くなるとは思いもしなかった。

いや、はたしてそうだろうか……。

今思い返すと、帰り際に祖母は父と母を呼び止めて何やら話し込んでいた。

その時、自分と妹は廊下に出て長椅子に座って待っていたから、何を話していたかは分からない。

もしかすると、本当は具合が悪化していて、自分が死んだあとのことを両親に話していたのかもしれない。

悲しみよりも先に酷くショックを受けた真由さんは、部活を早退し、無言で家路を急いだ。

家には黒紋付姿の母が待っており、父と妹は先に葬儀会場に向かったと伝えられた。

「時間がないわ。急いで支度して」

母親に急かされ、鞄を置きに二階に上がった。支度を終え、階段を下りようとしたところで、おかしいことに気が付いた。

亡くなったその日に葬儀を上げるだろうか。

それと、母が着ていた黒紋付についている家紋、あの日家に来た〈首がない女〉が着ていた黒紋付の家紋と似ているような気がする――。

「何しているの？」

一階で待っているはずの母の声が背後から聞こえてきた。

母親じゃない、あの女だ――。

背筋に冷たい物が走り、呼吸が荒くなる。

見てはいけないような気がして、振り返るかどうか迷った。

でも、ここは階段の上。振り向いても振り向かなくても、身体を押されて突き落とされるかもしれない。

真由さんはすぐさま手すりを握り、振り返った。

立っていたのはやはり——首から上がないあの女であった。
何をされるか分からないため視線を外さず、じりじりと下りようとした。
すると女は、すかさず首を絞めてきた。
く、苦しい。
女の手を振り払おうとして、もがいてみたが無理だった。
このまま殺されるかもしれない。
意識が遠くなりながらそう考えていると、玄関の鍵が開く音がした。
バンッと扉が勢いよく開く音と共に、「真由！」という母親の声が聞こえた。
真由さんの意識は、ここで途切れた。

気が付くと病院のベッドの上にいた。
真由さんの意識が戻ると妹は駆け寄り、両親は泣いて喜んでいた。
母がなぜあの時、家に駆けこんで来たのか教えてくれた。部活が終わる頃、学校に迎えに来た母が、真由さんが部活の途中で帰ったことを知らされたので、慌てて家に戻ってきたそうだ。

祖母は死んでなどいなかったそうで、それを聞いた真由さんはほっと安堵した。

ただ、真由さんの怪我もさほど酷くないとのことだったが、妹は心配そうに手鏡を手渡してきた。

「お姉ちゃん、実は首がね――」

鏡で首を見ると、絞められた跡がくっきり残っていた。

それ以来、首がない女は現れてはいない。

両親に何度もあの女のことを訊いたが、口を濁すばかりで未だに教えてはくれないという。

真由さんは〈首がない女〉のことを、死神だと思っている。

どうしてか理由は分からないが、真由さんと妹のどちらかもしくは両方の命を狙っているのではないかと。
どうして両親があの女と話していたのか。
なぜあの女は、両親のどちらかが来ると消えるのか。
そして両親が未だに真由さんと妹に、あの女の正体を隠しているのはなぜなのか。
全て理由は分からない。
ただ確実に言えるのは、あの女が現れる時は必ず命を狙ってくるということだけだ。
真由さんは二度と、あの首のない女が現れないように毎日祈っているという。

雛形

沖川《おきかわ》さんは、山陰地方のとある地域で訪問歯科衛生士をしている。

「男の歯科衛生士さんって珍しいね、ってよく言われますよ。あと、訪問歯科診療って何って聞かれることもあります。同い年ぐらいの子だと、ピンとこないみたいですね」

二十代中盤である彼と同年代の人たちであれば、知らない方もいるだろう。

訪問歯科診療とは読んで字のごとく、通院することが困難な高齢者や障碍のある方たちのために、歯科医が自宅や施設などを訪問し、治療をおこなうことである。

昨今の日本の高齢化にともない、訪問歯科医も増えているという。

沖川さんはその訪問歯科医をサポートする歯科衛生士なのだ。

「自宅や施設に伺う時は、歯科医の先生と僕、あと歯科助手の女の子と三人でチームを組んで回ってるんです。治療するために使う器具って、けっこう重いんですよ。先生も女性だから、男の僕がいて助かるって言ってくれてますね……実はあの日も、三人で訪問したんです」

今から約二年前の冬。

その日、沖川さんたちは午後四時に、新規の患者宅に訪問する予定を組んでいた。繋がりのあるケアマネージャーから連絡が入り、認知症を患っている高齢の女性が奥歯の痛みを訴《うった》えている、早めに受診をお願いできないか、と依頼があったのだ。

更に容体《ようだい》を詳しく聞くと、認知症がかなり進んでおり、被害妄想の上、他害《たがい》行為もたびたびあると説明された。

「暴れたり、他人に危害を加えてしまう患者さんは、その方のかかりつけの医師と連携して診ます。治療の前に医師から処方された精神安定剤を服用してもらうんです。歯を削っている時に万が一暴れたりしたら、大変ですからね。患者さんに大怪我をさせてしまう危険性がありますから」

この認知症の女性は日頃から、安定剤を処方されていた。

「安定剤を使用して落ち着いた状態であれば、こちらも安心して治療に専念できます。『診療する三十分前には服用させてください』と、家族の方――認知症患者の娘さんでヨウコさんという名前の方なんですが、彼女には前もって電話でお願いしていました」

他の患者もたくさん受け持っている沖川さんたちは何とかやりくりして、ケアマネージャーから依頼を受けた次の日の夕方に、訪問予定を立てた。

治療に使う機材が多いため、移動手段はいつも車である。ナビを頼りに走っていると、目的地を知らす案内が流れた。

ヨウコさんの自宅は、大きな古い家であった。

手入れが行《ゆ》き届いていないらしく、庭には雑草と木が生い茂り、入口の門扉《もんぴ》は片方が取れかかっている。廃墟とまではいかないが、長年人が住んでいない空き家のようであったという。

表札を確認しつつ、呼び鈴を押す。

「お待ちしておりました」

五十代ぐらいであろうか。白髪まじりの髪をひっつめた女性が出てきた。

おそらく昨日電話で話したヨウコさんだろう。その表情は疲れ果てたように、やつれていた。

「薬は飲ませたんですが母はまだ、落ち着いていないようで……」

玄関先で靴を脱いでいると、娘さんは困ったような声で話しかけてきた。

家の中は糞便の匂いが微《かす》かに残っている。

認知症の母親が手当たりしだい投げたのだろう、廊下にはクッションや本、プラスチックのコップまでもが散乱している。

「泥棒！」

突然の叫び声に驚愕すると、いつの間に現れたのか廊下の突き当りには、大きなぬいぐるみを抱えた一人の老婆が立っていた。

鳥の産毛のような髪が申し訳程度に生えている頭部、白く濁った眼、和紙をくちゃくちゃに丸めたあと、広げたような皺だらけの顔には、般若さながらの憎しみに満ちた表情を浮かべ、こちらを睨《にら》んでいた。

「ヨウコ、警察！　警察を呼びなさい！」

不意打ちをくらった沖川さんが狼狽えていると、ヨウコさんは慌てて母親を宥《なだ》めだした。

「お母さん、歯医者さんよ。今日、歯を診てもらうって教えたじゃない」

母親は寄り添うヨウコさんの顔をひと睨みすると、「あんたは呪われた子だよ」と捨て台詞を吐き、奥の部屋へと消えていった。

主治医に連絡をとり、安定剤をもう一錠服用させ、薬が効くまでの間、全員応接室で待機していた。

「しばらくすると、ヨウコさんがお茶を持って入ってきました。その時彼女、セーターを着てたんですが、腕をまくっていましてね……」

腕にはたくさんの歯型がつき、治りかけなのか所々青黒く変色していた。

皆の視線に気が付いたのかヨウコさんは、母親が暴れた時に噛《か》みつかれた、と申し訳なさそうに説明をはじめた。

彼女の話によれば母親は普段、自室で寝ていることが多いのだという。

だが、一度《ひとたび》スイッチが入ると被害妄想がはじまり、ヨウコさんを泥棒と間違え、追い出そうと荒れ狂う。物を投げつけ、ヨウコさんに襲いかかり、殴る蹴るの大騒動を展開する。

そしてひとしきり暴れ終わると母親は我に返り、部屋の惨状を見て泥棒が入ったと誤認《ごにん》し、警察を呼んでくると家から出ていってしまうという。

「母は自分のしでかしたことを、忘れてしまうんです。止めてもすごい力で私を振り切って、家の外に飛び出してしまう。それを追いかけるのも、大変なんですよね」

彼女は全てを諦めてしまったかのような顔で話している。

自身の窮状を淡々とした口調で語るヨウコさんを前に、皆、言葉を失ってしまった。初対面の患者の家族に対して歯科医が何もできることはなく、かといって個人情報を質問する訳にもいかず、三人とも黙って彼女の話に耳を傾けるしかなかった。けれども本来、ヨウコさんは無口な方《かた》なのだろう。上記のことを語り終えるとうつむき、黙ってしまったという。

部屋には、気まずい空気が流れだした。

「まぁ、先生はある程度そういう話や空気にも慣れていたみたいですけど、僕は耐えきれなくて居づらかったですね。助手の女の子もそうでした。それに、少しでも明るい話題をした方が、ヨウコさんも気晴らしになるかなって思ったんですよ。ときどき奥の部屋からは、母親の意味不明な雄たけび声が聞こえてくるし。その度にヨウコさん、目をつぶるんですよね。できるだけ、母親の声を聞かないようにしてるみたいでした……。で。何か明るい話題を出そうと部屋を見回してみたら、雛人形が飾ってあったんです」

桃の節句にはまだ早いが、サイドボードの上にはケースに入ったお内裏様《だいり》とお雛様が置かれていた。

「雰囲気が明るくなるかもって『綺麗ですね』って声をかけたのが間違いでした。『母が唯一、私に買ってくれた物なんですよ』って、また暗い顔でヨウコさんに言われちゃって……」

「この着物の柄、すっごく素敵ですね！」

再び暗い空気が流れはじめた時、助手の女の子が助け舟を出してくれた。

わざわざソファーから立ちあがり、ヨウコさんと一緒に雛人形を見始めたのだ。

歳は離れていても女性同士である。楽しそうに話している二人の姿を見て、沖川さんはホッと胸を撫で下ろしたという。

母親が落ち着いた頃を見計らって、診療は開始された。

先ほどとは打って変わって、すっかり大人しくなった母親の治療はスムーズに進んだ。

「はい、終わりましたよ。口をゆすいでくださいね」

目をつぶっていた彼女に沖川さんが優しく声をかけると、母親はカッと目を見開き、パクパクと声を出さずに口を動かし、何かを訴えているかのような行動をしたという。

「その時は、頭の中の設定が変わったのかって軽く考えていたんです。僕たちのこと、また泥棒だって思っているのかなって。だから、落ち着かせるよう適当に声をかけました。大丈夫だよって何度も話しかけていたら、安心したように眠ってしまいましたね」

ヨウコさん宅を出て、次へと向かう車内でのこと。

「僕が先生と、ヨウコさんの大変さを話していたら、レントゲン撮影機を忘れてきたことに気づいたんです。でも、引き返すと次の患者さんの約束の時間に大幅に遅れてしまう。でも次はその日最後の訪問でレントゲンは使わないし、終わったら僕一人で取りに行くってその場で決めました。そしたら――」

「やめたほうが、いいと思う……」

助手の女の子が、しきりにヨウコさん宅へ行くことを反対してきた。

理由を聞いても、嫌な予感がするというばかりではっきりしない。

沖川さんと歯科医の先生は、認知症の患者と初めて接したから動揺しているのだろうと、この時はあまり相手にしなかったそうだ。

最後の患者の診療を終え、二人を診療所に送ると、彼はまた一人、ヨウコさんの自宅へと車を走らせた。

日がとっぷりと暮れたなか、家に近づくと何かが焼けるような匂いと煙が漂ってきた。

パチパチと火が爆ぜるような音も聞こえてくる。

もしかすると認知症の母親が、火をつけたのかも――。

家の灯りは全て消え、人がいる気配はなさそうだった。

急いで匂いと煙、爆ぜる音の方向に意識を集中させると、どうやら広い庭の隅の方で燃えているようだ。

慌てた彼が庭に回ると、まだ小さく燃える火の前には、女性らしき人影が見えた。

こちらに背を向けた状態でしゃがんでいる。その様子はまるで、〝たき火に当たり暖を取っている人〟のようであったという。

「お祖母ちゃん、こんな遅くに何やってるの？」

驚いた彼が声をかけると、女性はわずかに振り返った。

炎に照らされ、チラチラと見えるその横顔は、ヨウコさんであった。

彼女は目から涙を流し、肩を震わせている。

ああ、ヨウコさんは辛いんだ。

身を挺《てい》して介護をしているというのに、実の母親は分かってくれない。

認知症を患っているのだから仕方がないことではあるが、暴力まで振るわれていることを考えると、胸が痛んだ。

やりきれない思いに駆られた彼は、ヨウコさんに近づいて慰めようとした、その時。

「ひっ」

しっかりと沖川さんの方を向いた彼女の口元は、笑っていた。

心の底から楽しんでいるかのように口角を上げ、にっこりとほほ笑んでいる。

恐怖にかられた彼は、見てはいけないと視線を外した。外した視線の先にはたき火があり、燃えているのは『母から唯一買ってもらった物』だという、あの雛人形であった。

ヨウコさんは立ち上がると、後ずさる沖川さんに「これでしょ」と、忘れていたレントゲン撮影機を手渡してきたという。


「僕は挨拶もそこそこに、逃げ帰りましたよ。人間の怨念というか、まるで呪いの儀式でもしてるような彼女の姿が怖かったんです……診療所に帰ってから、僕は二人に洗いざらい話しました。一人では抱えきれなかったから」

先生は笑って受け流していたそうだが、助手の女の子は違った。沖川さんの話を真っ青な顔で最後まで真剣に聞いていたそうだ。

「帰り道先生と別れて、助手の子と二人になった時、教えてくれたんです」

「実はね、私の実家の近くに、いわくつきの神社があるの」

同じ県内にある彼女が生まれ育った集落には、とある山の中に、地元の人も滅多に近づかない小さな神社がある。

その神社に釘を刺した雛人形を持っていき、その場で呪いたい相手の名前を唱えながら燃やすと、呪いが成就《じょうじゅ》するという言い伝えがあるのだ。

「その呪いね、地元では〝雛形〟って呼ばれているの」

そう教えてくれた助手の女の子は、しきりに母親のことを心配していた。

「助手の子、ヨウコさんの家で雛人形の着物の柄の話をして盛り上がってたって話したでしょ。で、見ちゃったらしいんですよ。僕と先生は気づかなかったけど、二体の人形の首に、細い釘が打たれてたって……その場ではどうにか誤魔化したみたいですけれど、かなり動揺したって。でも僕は、それは違う、『雛形』じゃないって彼女に言いましたよ。だって、ヨウコさんはそのいわくつきの神社で、雛人形を燃やした訳じゃないし。だから僕は呪いなんてかかる訳ないって、助手の子に何度も言い聞かせたんです」

おそらく、その呪いを聞きつけたヨウコさんがストレス解消のため、ふざけてやっただけだ、と沖川さんは思い込もうとしたそうだ。

それから五日後のことだという。

沖川さんが診療所で医療器具を消毒していると、ケアマネージャーと電話をしていた先生から、ヨウコさんの母親の診療の打ち切りが伝えられた。

「僕らが診療した日の晩、彼女の母親は失踪したそうです。二日後に見つかった時は、半分焼けただれた状態で発見されたって……」

遺体の近くには灯油が入ったポリタンクが置いてあり、灯油をかぶった状態で火をつけたと、検視の結果も出たそうだ。

「呪いかどうかは、やっぱり分からないですよ。僕はそうじゃない、偶然だって自分に言い聞かせてますけど……。ただ気になってるのは、あの親子の関係なんです。母親から唯一買ってもらった物が、雛人形だけっておかしくないですか？　それにあの母親が言った『あんたは呪われた子』っていうのも、異常性を感じるんですよね……でも、いくら母親が毒母だとしても、呪い殺すことなんてあり得ないでしょ？仮にも自分を産んでくれた母親なんですよ」

そう力説していた沖川さんは、あれ以来、たき火の炎を見るのが苦手になったそうだ。

取り返しのつかないこと

地方の田舎町で生まれ育った将人《まさと》さんは七歳の頃、取り返しのつかない過ちを犯した。

あれは八月のよく晴れた日のことだった。

蝉が狂ったようにうるさく鳴くなか、彼は家の駐車場で四歳になる妹と水遊びをしていた。

庭の掃除用の蛇口にホースを取り付け、そこから水を撒いたりお互いに掛け合ってはしゃぐといった、他愛もない遊びであった。

田舎の良いところはとにかく土地が広いことで、ホースから大量に水を撒いても誰からも苦情がこない。人通りもほぼないため、間違って他人に水を掛けてしまうということもなかった。

遊び疲れ、その場で休憩していると初老の男が近づいてきた。

ここら辺では見たこともない強面《こわもて》の男だった。

男は妹に近づくと「美味しいお菓子があるよ。一緒に行こう」と、誘いをかけてきた。

日頃から知らない人に食べ物を貰ってはいけない、またついて行くのも絶対駄目だと親からしっかり教わっていた。

そのため、妹はきっぱりと断るだろうと彼は思っていた。

だが、妹は怖かったのかその場で固まってしまった。小さい子、特に女の子は男の人を怖がる傾向が少なからずある。妹もその傾向があったのだろう。蛇に睨まれた蛙のように動かなくなってしまった。

男は妹が怯えているのをいいことに、徐々に強めに迫ってきた。

「ほら、一緒に行こうって誘ってるんだから、ついてこないと駄目だろう」

「早くしろよ」

将人さんはどうにかしないといけないと焦っていた。だが、兄である自分が妹を守らないといけないのは分かっていたが、彼もその男が怖かったのだ。

その日、両親は親戚の家に出かけて留守だった。近所の家も都会に比べれば離れている。助けを求めている間に妹が誘拐されてしまうかもしれない。

彼は妹に「こっちに逃げてこい」と必死に訴えたが、やはり妹は身がすくんで動けないようだった。

兄の方も怖がっており、大人に助けを求められないという状況を男も理解したのだろう。妹の手を強引に引っ張り、歩き出したのだ。

将人さんは男に向かって「止めろ！」と声を上げたが、睨まれて足がすくんでしまった。

一歩も歩けないうちに、男は泣いている妹を抱きかかえどこかに消えていった。

夕方、帰宅した両親は妹がいないことに気が付き、大騒ぎになった。

将人さんは親からも警察からも事情を聞かれたが、怖くて正直に昼間の出来事を話すことができず、「ちょっと目を離した隙に居なくなった」と嘘をついた。

それから警察以外にも近隣住民の協力も得られ、捜索は夜通し続いた。

妹が見つかったのは翌朝のことだった。

妹は用水路付近で倒れていたらしい。性的暴行を受けてボロボロになっていた妹は、すぐさま病院に運び込まれた。

医者からは命に別状はないと言われたが、酷く殴られたのか右目を損傷し、生活に支障が出るほど視力が下がってしまった。

妹の意識は二日ほど戻らず、その間ずっと泣いている母親を見て、将人さんは心が痛んだ。

自分は取り返しのつかないことをした――。

そう罪悪感に苛まれ苦しんだ彼は、勇気を出してあの日に起きた出来事を両親に打ち明けた。

それを聞いた母は号泣した。父は激怒し、「その根性を叩き直してやる」と将人さんを徹底的に痛めつけた。

妹がいなくなった時も父親から酷く怒られはしたが、こんなにも手を上げられたのは初めてであった。

両親だけではなく、警察からも将人さんが嘘をついたせいで初動捜査が遅れたと叱られた。

事件が起きた時刻、男の顔、体格、服装や口調など事細かく聴取をされたが、犯人は結局見つからなかったそうだ。

妹は強度の眼鏡をかけてもよく見えない低視力になってしまったが、暴行されたことを全く憶えていない。あまりにも惨い経験をしたため、無意識のうちに記憶を封じてしまったのかもしれない。

家族は皆、妹の暴行事件は墓場まで持っていこうと約束した。

そして両親は妹の将来を心配し、町から遠く離れたところに引っ越した。父親は転職を余儀なくされ、妹が退院してからも将人さんは父から辛く当たられることが多くなっていった。

でもそれは、あの時妹を助けられなかった自分が悪い。

取り返しのつかないことをしてしまったと悔やんでいた将人さんは、父からの体罰にも耐え、片目の視力をほぼ失い治療を続けている妹にも尽くして生きてきた。

だが、その生活も高校卒業と同時に終わりを迎えた。

父親から高校を卒業したら、家を出ていけと言われていたからだ。

父が言うには、将人さんの顔を見ていると、たった四歳だった娘が性的暴行を受けたことを思い出して辛いとのことだった。そして、お前が憎いとも言われた。

父は「妹を助けられなかったお前を強くするためだ」と、体罰を繰り返してきたが、ただ単に自分を忌み嫌っていることも将人さんには分かっていた。

母親と妹は家を出ていくことを止めてくれたが、将人さんは就職先を決め一人暮らしを始めた。


それから数年後、コツコツとお金を貯めてきた将人さんは、バックパッカーとしてモロッコを放浪していた。

高校を卒業した彼はモロッコ産の工芸品を扱う小さい商社に就職した。買付けなどで度々モロッコを訪れていたので土地勘は十分にある。

フェズという迷宮のような町の散策を楽しんでいた彼は、路地裏にあった骨董品屋に入った。

父親との交流は一切なかったが、母と妹とは連絡を取り合っていた。

あの二人には何か土産を買って送ろうと考え、目についた骨董品屋に入ったのだ。

絨毯にチェスト、ランプや壺。元々モロッコの工芸品はアフリカやパリ、イスラムの文化が混じり合い、独特な個性を出している。どれも華やかでスタイリッシュだ。

色々な物を見ているうちに、一つの箱に目が留まった。

その箱は光沢のある木製で、蓋の部分にはアジア系の神様のようなモノが彫られている。

モロッコの伝統工芸品には見られない作りであった。

珍しさもあり、思わず手に取り留め金を外そうとすると、店主から「蓋は絶対開けないように」と注意された。

詳しい理由を尋ねると、この箱は蓋を開けないまま持っていると幸福になるが、一度蓋を開けてしまうと呪われるとのことだった。

子供騙しの内容に思わず吹きそうになったが、値段も手ごろで話のネタにはなるだろうと買うことにしたという。

日本に帰国して数日が経ったある日。

仕事中に母から電話が入った。

「あのね、落ち着いて聞いて欲しいんだけど――」

お父さん急に倒れてね、くも膜下出血で亡くなったのよ。


心臓が飛び出るかと思うくらい驚いた。

偶然かもしれないが、母と妹にモロッコ土産を送る際、父親あてに例の〈蓋を開けたら呪われる〉という箱も送っていたのだ。

勿論、呪いなんて全く信じていなかった。ただ、買ったはいいものの、あげる相手が見つからず、とりあえず父に送ったのだ。

少しだけ、呪われろとは思ったが。


将人さんはその日のうちに実家に帰り、あの箱を回収した。

呪いがかかるとは思わなかったが、万が一ということもある。
母と妹がもし開けたらと考えると、持って帰るべきだと思ったのだ。
箱の処分はいずれ神社か寺に持っていこうと考え、窓際に置いていた。
それが功を奏したのかもしれない。
父の葬儀が終わり、数日経ったある日の夜。
アパートで床に就いていた将人さんは、人の気配で目が覚めた。
暗い部屋を見回すと、窓の外に誰かが立っていた。
父だった。
顔を見ると悔しそうに歯ぎしりをしている。
その顔を見て、やはり呪いで死んだのだと直感したそうだ。
そしてあの箱があるから、父は部屋に入れないのだと将人さんは考えている。

工事

その日、坂上さんは帰宅途中、電車の中で急な便意に襲われた。

普段なら急にもよおすことなど滅多にないのだが、今日の送迎会で呑み過ぎたのが原因だろう。腹はキリキリと痛み、今にも出そうな勢いだった。

早くトイレに駆け込みたい。

途中で降りて用を足すことも考えたが、自宅の最寄り駅まであと二駅である。ここで降りると次の電車を待つのが億劫だった。

早く着けと祈りながらなんとかその場をしのぎ、駅に着くと構内にあるトイレに直行した。

が、男子女子両方のトイレ共、入り口には大きな文字で〈使用禁止〉と書かれた看板が立てられ、ご丁寧にロープまで張り巡らされていた。

トイレの横を見ると作業員が工事をしている。どうやらこのトイレの横に、今までなかったエレベーターを設置しているらしい。

何で、こんな時に。田舎なので駅の近くにはコンビニもない。

坂上さんはどうしようか一瞬思案したが、構内の別の場所にもトイレがあるはずだと考えた。

キュルキュルと鳴る腹を押さえながら看板をもう一度読むと、駅の高架下のトイレの案内図が描かれていた。

すぐさま改札を出るとそのトイレに走って行き、個室に入り用を足した。

用を足している間は腹痛との闘いで気が回らなかったが、出し切ったあとガタガタと長時間酷く揺れていることに気が付いた。

高架下のトイレは和式で造りが古かった。改修工事も碌《ろく》にしてないのだろう。扉の鍵を閉める部分も錆びついていたし、洗面台は取れかかり斜めに傾いている。

工事中の音もうるさく聞こえてきていた。先ほどの構内のエレベーター工事の振動だろうと思い、気にせずそのまま出てきた。


それから半年が過ぎた。

久しぶりに地元の友達としこたま呑んだ坂上さんは徒歩での帰り途中、また腹が痛みだした。

近くにある店はもう閉まっている。家まで走っても間に合わない。いや、便意が酷く家まで走る切る自信もなかった。

どうしようかと焦っていると、駅の高架下のトイレを思い出した。

今いる場所から駅までなら近い。

腹を抱えながらもギリギリで間に合った彼は、急いで個室に入った。

しゃがんで用を足していると、ガタガタという音が鳴り始めた。
また、工事の揺れか、と思った瞬間彼は青ざめた。
工事はとっくに終わり、エレベーターはすでに設置されていた。
この時間、終電も終わっている。それなのに、何で——。
恐る恐る顔を上げると、トイレのドアの上部を掴む左右の手が見えた。
その手がドアをガタガタと揺すっていたのだ。
坂上さんが声にならない悲鳴を上げると、手は忽然と消えた。

血と硝煙

これから記す話は、ご本人たっての希望により場所の名称、年代等を伏せさせて頂く。

鎌田《かまた》さんは数年前まで国内のとあるハブ空港にて、麻薬探知犬《まやくたんちけん》のハンドラーとして職務についていた。

犬のハンドラーとは調教師、犬の遂行任務を支援する人を差す。麻薬探知犬だけではなく、ドッグショーやドッグセラピーなど、特殊な訓練を犬に受けさせ、支援する立場にある人もハンドラーと呼ばれている。

麻薬探知犬のハンドラーになる場合は、まず国家公務員試験に合格し、各地の空港や港、国際郵便局などの税関職員として採用されなければならない。

だが、税関職員になりハンドラーになりたいと希望を出しても、厳しい審査があり、自分の願い通りに配属されるとは限らないそうだ。

厳正な審査に通った鎌田さんは、まず最初に麻薬探知犬の訓練センターに配属され、自分の相棒となる犬『オスカー号』と、四か月もの間《あいだ》厳しいトレーニングに励んだ。

「大麻、ヘロイン、覚せい剤の匂いを嗅ぎ分ける特殊な訓練だけでなく、犬たちの身の回りの世話もします。訓練が修了すると試験があるのですが、オスカーは難なくクリアしました。元々、素質があったんでしょうね」

オスカー号と共に空港で働きだし、四年の歳月が過ぎた頃。

「当時はバゲージクレームを担当していました。ほら、目的地に着くと荷物がベルトコンベアーで運ばれてくるでしょ。そこがバゲージクレームです」

いつも通りに見回っていたところ、オスカーがある赤いスーツケースの横にピタッと止まり動かなくなった。

鎌田さんいわく、麻薬探知犬が薬物の匂いを嗅ぎつけると、その荷物の横に座り動かないよう、しつけられているらしい。

その赤いスーツケーツの持ち主は、四十代の中年男性であった。

鎌田さんが声をかけてみると、男性は振り向いた。虚ろな表情をしていた彼の目は赤く充血しており、〝北アメリカに一人で観光に行っていた〟という説明も、呂律が回っていない状態で非常に怪しかったという。

この時点で薬物摂取を疑った鎌田さんは、男性をバックヤードに連れていきスーツケースから手荷物、ボディチェックまで入念に行ったが、薬物やまたそれらを隠すような物も何も出てこなかったそうだ。

「ほら見ろ！　俺は薬物なんかやってねぇって。ただ、飲み過ぎただけだ！」

九十パーセントの検挙率を誇っていた優秀なオスカーでも、間違える時はある。

鎌田さんは怒鳴り散らす男を宥め、お引き取り願おうとしたところ、同僚である女性ハンドラーが麻薬探知犬『ブレンダ』と共に、部屋に入ってきた。

するとブレンダも、男の赤いスーツケースの横に座り、微動だにしなくなったのだ。

オスカーとブレンダ、二匹の麻薬探知犬がスーツケースに反応している。

「スーツケースには、何も入っていなかったんですよね？」

そう訝しむ同僚に今までの経緯を簡潔に説明した後、二人は検査員に連絡を入れ、男を連行してもらうことにした。

北アメリカの空港に行く前にスーツケースの中に入っていた麻薬を捨てた、または手探りで調べても分からないよう、巧妙な手口で薬物を隠している可能性もあった。

個体差にもよるが犬の嗅覚は人間の数千倍から一億倍ともいわれている。いわんや特殊な訓練を受け厳しい試験にも合格した麻薬探知犬二匹が、反応をしめしているのだ。しかるべき場所で検査対象になるのは、当然の流れであった。

それから数週間がすぎた、ある日の午後。

「いきなり上司から呼び出されましてね。何かと思ったら、あの男のことだったんです。一応、私が最初に担当したから報告しておくと言われましてね」

検査の結果、スーツケースからは何も出なかった。

だが、散々待たされることになった男は激高し、暴れ出したという。

「私が調べた時も悪態ついてましたからね。あのガラの悪さなら、暴れてもおかしくはないと思いましたよ。検査所のほうで、すぐに警察に連絡して男は連行されました。ここまでは私も知っていたんです。警察に捕まってからのことは、何も知らされていませんでしたけど。上司は、警察署で起きたことを教えてくれたんです」

警察で男の薬物検査をしたところ陽性反応こそ出なかったが、スーツケースに入っていたジャケットから硝煙《しょうえん》反応が出た。

男の証言によると、観光最終日にそのジャケットを着て、オプショナルツアーを利用し、射撃を楽しんだらしい。

確かにその場合は、硝煙反応が出てもおかしくはない。しかし警察は、念のため男のジャケットを預かり、更に調べたそうだ。

検査の結果、ある殺人事件が浮上してきた。数年前、九州でおきた刺殺事件である。その事件の犯人はとうの昔に逮捕されていたが、男のジャケットからは、殺された被害者のおびただしい血痕が出てきたという。目視《もくし》では分からなかったが、ルミノールを使用したところ反応が出たのだ。

「上司の話によると、警察は大騒ぎになったそうです。あの男も事件に関与しているに違いないって。でもね、全く関係なかったんですよ。殺人があった日、あの男は会社に出勤していた。タイムカードで、アリバイが証明されたそうです。しかも、あの男は九州には一回も行ったことがないし、犯人とも被害者とも一切面識がなかったって」

男の証言によると例のジャケットは、関東にある古着屋で購入したものだという。それが正しければ、今度は服役中である犯人の証言が食い違ってくる。

取り調べ時《じ》の調書には、『被害者を刺した時に返り血を浴びてしまったため燃やして、燃えカスは海に捨てた』と書かれていたからだ。

「警察は刑務所に入っている殺人犯にも、再度取り調べをしたそうです。でも、犯人の証言は変わらなかった。で、犯人にジャケットを見せたら、『全く一緒だ』って、驚いてたみたいですね」

調書をひっくり返して、殺人事件が起きた日から逮捕されるまでの足取りを調べても、犯人には関東の古着屋まで行った形跡もなく、またそのような時間も余裕もなかっただろうと、最終的に警察はそう判断した。

「普通に考えても、足がつくから返り血を浴びたジャケットなんて売りませんよね……殺害当時に燃やされたジャケットが、なぜあるのか。何で関東の古着屋に売られていたのか。それにオスカーとブレンダが麻薬じゃなく、訓練もされていない血と硝煙の匂いになぜ反応したのか……それら全てが、未だに分かっていないんですよね……」

麻薬探知犬ハンドラーとして職務についていた頃に起きた怪異は、後にも先にもこの話だけだという。

それにしても不可解すぎる現象に、私と鎌田さんには考察する余地がなかったことも記しておく。

叫び

幼い頃の記憶は何歳から残っているか——。

人によってそれはまちまちであるが、琴葉《ことは》さんは二歳の頃の自分を、おぼろげであるが覚えているという。

彼女の家は母と琴葉さんの二人で構成されていた。

家にはテレビがなく、母親は一切親戚付き合いもしなかった。

近所の人との交流もなかったから、琴葉さんには友達もいなかった。

彼女の二歳の頃の記憶は、朝から晩まで母と二人きりの生活であった。

子供なりに、それが普通の家族だと思っていた。

母が教えてくれなかったから、この世には家族の中に〈父〉という存在がいることを知らなかったという。

初めて知ったのは三歳の頃。母親が働きだし、保育園に通うようになってからだ。保育園の送り迎えでは、〈パパ〉と呼ばれる数人の男の人たちが来ていた。そういえば母と公園で遊んでいた時も、スーパーに買い物に行った時も、子供やその子の母親が〈パパ〉と呼んでいた男の人がいた。

ママなら自分にもいるから分かる。あの、パパという男の人たちは何だろう。不思議に思った彼女は母親に訊いてみた。唐突な質問に母親は驚いた顔をしていたが、笑いながら三歳児にも分かりやすくパパという存在を説明してくれた。

「どうして、うちにはパパがいないの？」

「――パパはね、琴葉が生まれてすぐに、お空の上にいっちゃったんだよ」

琴葉のパパはお空の上にいる。意味が分かってもあまりピンとこなかった。寂しいとか悲しいとかの感情も湧かない。この頃の琴葉さんは、大好きな母親がいればそれで十分だった。

保育園に入ってしばらくした頃。

それまで母親以外と接する機会がほぼなかった琴葉さんは、園児の中で早くも孤立していた。

今まで同じ年くらいの子供と遊んだこともない。そして内気な性格も災いしたのか、どうしても「一緒に遊ぼう」と、声をかけることができなかった。

保育園の先生の計らいで他の子供たちと遊んだ時も、何を話していいのか分からず黙っていた。それゆえ、遊び終わった後はそれきりで、翌日にまた遊ぶことはなかった。

園ではいつも一人。信頼している母親はいない。不安が募り、毎朝保育園の入り口で母親と別れる時はわんわんと声を上げて泣いた。

心配した母親も休日に園児たちと遊ぶ機会を設け、友達の作り方も教えてくれたが、それでも子供たちの前に出ると、緊張のあまり言葉が出なかった。

そんな琴葉さんをからかってくる男の子もいた。そのせいで、彼女の保育園嫌いは加速していった。


保育園に通い出して一年が過ぎ、クリスマスが近づいてきた頃。

「琴葉はサンタさんからのプレゼント、何をお願いしたの?」

「友達っ」

母から訊かれた琴葉さんは迷うことなくそう答えたが、母親は困った顔をするばかりで黙ってしまった。

その母の顔を見た琴葉さんはがっかりした。

やっぱりサンタさんは人間の友達はくれないんだと理解したらしい。

だが、すぐにそれは思い違いであったことが分かった。

次の朝起きてみると、枕元にパンダのぬいぐるみを持った友達が立っていたのだ。友達は大人の男性だった。母と鎌倉に行った時に見た大仏のように髪の毛はくるくるに巻かれ、腕には色鮮やかな絵が描かれていた。

初めて見た時は怖かったが、友達は優しかった。

また、その友達は何も話さなかったが、不思議なことに意思疎通は普通にできた。保育園で意地悪な男の子にからかわれた時、琴葉さんの後ろに立って追い返してくれた。保育園では一人でいつも寂しく絵本を眺めて過ごしていたが、一緒におままごとをして遊んでくれた。折り紙が折りたいと思えば持ってきてくれ、カエルや鶴の折り方も実践して教えてくれたりもした。

保育園でも家でも寂しさを感じることはなくなったが、母親も先生もその友達に見向きもしないことが不思議であった。

しばらくすると母親が奇妙な目で自分を見ていることに気が付いた。

変な目で見る時は、いつも友達と遊んでいる時だった。

「琴葉は一人遊びが上手ね」と言われ、母親には友達が見えていないのだと、その時初めて気が付いたという。

この友達は一体何なんだろう。

琴葉さんが母の言うことを聞かないと、母はよく、

「早く寝ない悪い子のところには、お化けが来るよ」

「ご飯を残すと、悪いお化けが来て攫《さら》われちゃうよ」

と、叱ってきた。

もしかしたら友達は、母親が話していたお化けなのかもしれない。でも、悪いお化けには見えなかった。

それどころか、この友達が来てくれたおかげで人見知りが直り、保育園でも少しずつだが、他の園児たちと遊ぶようになってきた。

クリスマスにサンタさんがくれた大人の男性の友達も、琴葉さんが園児たちと仲

良くなっていくのを喜んでいるようだった。

お化けでもかまわない。友達のことが大好きだった琴葉さんは、母親や先生には内緒にしておこうと決めた。


くだんの友達との交友は、琴葉さんが十二歳になるまで続いた。

この頃になると彼女は、友達のことを亡くなった父ではないかと考え始めていた。サンタさんにお願いしたことを天国にいる父親が聞いて、出てきてくれたに違いない。

そうでないと辻褄が合わないと思った。こんなにも自分に愛情を注いでくれる大人は、親以外いないからだ。

ただ一つ気になっていたのは、父親がヤクザのような風貌であったことだ。大仏のようなくるくるとした髪はパンチパーマ、腕に描いてある絵は入れ墨であると、もうこの年になれば分かっていた。

父の過去に何があったのか……。

気になった琴葉さんは一度だけ聞いたことがあるそうだが、父親は悲しそうな顔をするだけで何も話さなかったという。

そして年を追うごとに、琴葉さんはより一層、周りの目に気をつけていた。父親の幽霊が近くにいる。そんなことを言っても信じてもらえないばかりか、奇異な目で見られることを危惧していたからだ。

ただ、一緒に住んでいた母の目は誤魔化せなかった。

ある日突然、小児精神科に行こうと、言い出した。

最初の頃は子供によくある空想上の友達、〈イマジナリーフレンド〉だと考えていたらしい。そのうち見なくなるだろうと思っていたが、予想に反して第二次成長期を迎えた娘が、いつまでも誰かとやりとりしている素振りを見せるので心配になったそうだ。

母はしつこく「病院に行こう」と言ってきたが、琴葉さんは断固拒否していたという。

そんなある日の朝。

制服に着替えた琴葉さんに、母親が珍しく「今日は学校を休みなさい」と言ってきた。

「やだ！」

「絶対に行かない」と言い張る琴葉さんを、無理矢理病院に連れて行くためだった。

「やだじゃない！　琴葉のためなんだからね！」

母親と嫌がる琴葉さんはもみ合いになった。もみ合いは一向に収まらず、母親はテーブルにしがみつく琴葉さんの腕を強引に引きはがそうとしてきた。

「いい加減にしなさいっ」そう大声を上げる母親に、このままでは収拾がつかないと思った琴葉さんは本当のことを告げた。

「違うの！　あれはお父さんなの！」

「は？」

母親の動きが止まった。あの一言だけで全てが分かったのかと、琴葉さんがビックリして母親を見ると、どうも様子がおかしかった。目を見開き固まっている。

「あなた……」そう呟いた母は、琴葉さんの後ろを見ていた。

琴葉さんが振り向くと、そこには父が立っていた。

今、お母さんにも見えてるんだ。

そう思った刹那。

「違うの！」母親がいきなり叫び出した。

そして驚愕している琴葉さんを父親から守るように抱きしめ、

「この子は……この子はね、あなたの子供じゃないのおおお！」

と、絶叫したという。

その言葉を聞いた父は怒っていた。

拳を握りしめ、ただ事ではない獣のような目つきで母を睨みつけると「許せねえ」

と、一言だけ言い残し煙のように消えていった。

あとから琴葉さんは母親にどういうことかと問いただした。

母は観念したかのように教えてくれたという。

「あの人と結婚している時に、ママはほかに好きな人ができたの。でも、あの人はヤクザだったから、どう別れ話をしていいか分からなかったの。怖ったのよ。それで、あの人に内緒で彼と付き合ってるうちに、子供ができて。でも、彼に子供ができたと言ったら、ママの前からいなくなっちゃったの」

それで、母は夫の子供として琴葉さんを育てたそうだ。

「あとね、いずれ言おうと思ってたんだけど。ヤクザのあの人、まだ生きてるのよ」

罪を犯して刑務所に入っているとのことだった。

では、あの〈父〉は生霊だったのか……。

父がどんな罪を犯したのか、いくら尋ねても母は教えてくれなかった。

また、全てを聞いた琴葉さんは母親のことが信用できなくなり、高校を卒業すると同時に家を出て、それ以来顔を合わせていないという。

憑いてくる

あれは二〇二〇年、新型コロナウイルスの感染予防のため、緊急事態宣言が発令された頃。

ドラマや映画の撮影、舞台や個展、又はイベントやライブなどの中止や延期が相次いでいた。東京都は仕事が激減したアーティストやクリエイター、それを支えるスタッフたちへの支援策の一つとして、芸術文化活動支援事業「アートにエールを！東京プロジェクト」を立ち上げた。

このプロジェクトはプロとして芸術文化活動に携わるアーティストから動画作品を募集し、専用サイトで配信するものであった。当時は〈個人型〉と〈ステージ型〉

の二タイプがあった。いずれも審査を経て、配信された動画に支援金が支払われる仕組みだ。

その頃、主にプロットや脚本を書いて収入を得ていた私は、そのうちの〈個人型〉に応募した。

応募した動画は、当時取材したばかりの怪談実話を元に脚色した短編ホラー映画で、シナリオだけではなく撮影・編集も私が担当した。少ない予算で決行したので、プロのスタッフを雇うお金がなかったのだ。初めて経験する撮影と編集に四苦八苦したことは、今ではいい思い出になっている。

出来上がった動画はカメラワークと編集がずさんで、審査に通るか心配であったが、なんとか通過し配信もされた。

今回ここに脚色したものではない、取材した内容の全貌を綴ろうと思う。

滝原《たきはら》さんは個人で定期的に怪談会を開いている。

初めは彼の知り合いのみで怖い話を持ちより皆で話していたのだが、ある日、常連のユカコさんが自身の従妹を連れてきた。

従妹の名前はエリさんという。実はこの女性、霊感が強く度々怪異を体験していた。

怪談会ではユカコさんがその話を前々からしていたので、滝原さんをはじめ怪談会に参加していた皆は、エリさんが来るのを心待ちにしていたそうだ。

「僕のエリさんへの第一印象は天然でした。実際、仲良くなってみるとおっとりした性格で、浮世離れしてるところがあるというか。とにかくちょっと変わった人でした」


エリさんが怪談会に参加するようになって約半年が過ぎた頃。

彼女は急に広い一軒家に引っ越しをしたと話してきた。エリさんは独り身で、生活するには単身者用のマンションで十分なはずである。

滝原さんが引っ越した理由を訊くと「なんとなく」というぼんやりとした答えが返ってきた。

更に詳しく訊くと、休みの日に町を歩いていたら不動産屋が目に入り、「ここで物件を借りないといけない」と「なんとなく」思ったそうだ。

そして色々な物件を紹介してもらっているうちに、「なんとなくだけど、この物件を借りないといけない」と思ったのが、今回引っ越した一軒家であった。

一軒家ならさぞかし家賃が高いだろうと思っていたが、エリさん曰く、そこはかつて殺人事件が起きた物件で、家賃は相場よりかなり安かったとのこと。長期間、借り手もいなかったそうだ。

「事故物件って大丈夫なの？」

「そうだよ。ただでさえ霊感が強いのに」

「霊障とかあるんじゃないの？」

皆が心配を口にするなか、エリさんだけはケロリとしていた。何でも引っ越してから、家の中にいると妙に落ち着くらしい。

霊感の強いエリさんは今まで住んだマンションや実家などで、様々な霊に遭遇してきた。いずれも事故物件ではないし、因縁がある土地でもない。それでもしばしば怖い思いをしてきたらしいが、今回の一軒家に限ってはそうした体験が一度もないそうだ。

「でも、怖いから念のため借りる前に、先生にも視てもらったんだよね」

先生というのは彼女が懇意にしている拝み屋のことだ。

霊に取り憑かれやすいエリさんは、昔から度々お世話になっていた。

「でね、先生が言ってたんだけど、私が住んでる一軒家、悪い地縛霊がいるんだって。でもね、その地縛霊があなたのことを守ってくれるから、そこに住みなさいって言ってくれたの」

「えっ！」

皆が絶句するが、エリさんは全く気にすることなく淡々と話を続けていた。

エリさんの説明を簡潔にまとめるとこうだ。

その地縛霊は今まで住んでいた人たちに災いをもたらし、力をつけてきた。

だが、長い間空き家になっていたため霊力が弱ってきている。もう人間を襲うことでは間に合わない状態だそうだ。

その家に霊媒体質であるエリさんが入ると、地縛霊がエリさんに取り憑いた霊を餌にし、また力をつけることができるという。

「だからね、先生が言うには、私と地縛霊の関係って持ちつ持たれつなんだって」

「でもそれだと、地縛霊がまた力をつけたら、今度はエリさんが襲われちゃうんじゃないの？」

滝原さんはもっともな意見を投げかけてみた。

「それは大丈夫みたいよ。安心して住みなさいって先生も言ってくれたし」

エリさんは皆の心配をよそに、相変わらずのんびりした口調でそう語ったという。

エリさんの話がよほど珍しかったのだろう。怪談会が終わったあとの飲み会でも、その話題で持ち切りだった。

「みんなエリさんに色々な質問をしていました。でも、その時のエリさんの様子が少し変だったんですよね」

エリさんは質問されてもどこか上の空で、頻繁に周りをキョロキョロと見渡していた。

どうしたのかと訊いてみると、誰かに見られている気配がするという。

「あ、もしかして霊がいるとか?」

全員、エリさんの言葉に色めき立ったが、彼女は「よく分からないんだよね」と、これまたはっきりしない様子であった。

「でも最近、誰かにつけられたり、遠くから見られてる気がするの」

「それって、人間のストーカーってことだよね。エリが霊かどうか分からないって言うなら、間違いないよ」

小さい頃からエリさんのことをよく知っているユカコさんはそう断言した。

「大事になるかもしれないからって、エリさんも一度警察に行ったそうです。でも、郵便物を盗まれた訳でもないし、ゴミを漁られたこともない。実害がなかったんですよ。それにストーカーしてる人の姿をハッキリ見た訳じゃないから、男か女かも分からない。それを警察に伝えたら、相手にされなかったって言ってましたね」

その次にエリさんと顔を合わせたのは、二か月後の怪談会だった。

その頃は緊急事態宣言の真っ只中で、初めてのZOOM開催であった。

一人一人順番に怖い話をしていき、エリさんの番がきた。

彼女が語ったのは例のストーカーの話であった。ストーカーと言えば人怖だと思うのが普通だが、彼女を付け回していたモノはやはり霊であったそうだ。

「先週、会社からの帰り道でのことなんだけどね――」

その日は残業で遅くなり、自宅の最寄り駅で降りるともう二十三時を過ぎていた。

その時間、閑静な住宅街では誰も歩いている人がいなかったという。

胸騒ぎを覚えたエリさんは近道をするため、いつもと違う道を早足で歩いた。するると、後ろから後をつけてくる人の気配がした。そしてその時は、革靴でアスファルトの上を歩く足音も聞こえていた。

思い切って彼女が振り返ると足音は消え、そこには誰もいなかった。

でも、気のせいではない。足音も鮮明に聞こえていた。

霊が付いてきている。今までの経験から確信した彼女は家まで走った。

彼女が死に物狂いで走っている途中、霊の気配が消えていることに気付いた。

日頃、運動していない彼女の息は上がっていた。丁字路を左に曲がったところで、立ち止まり呼吸を整えていると、今度は視線を感じたという。

振り返ると、背広を着た男性が丁字路の角に立ってこちらを見ていた。

普通のサラリーマンのように見えたが、ただ一つ違う点は顔がぐちゃぐちゃに潰れていたことだった。

彼女は全力で家まで走り、玄関の鍵をだそうとバッグを漁った。

霊はすぐ近くまで来ていたが鍵がなかなか見つからず、捕まって取り憑かれると焦ったエリさんは発狂寸前まで追い込まれていたそうだ。

「でね、それから私の記憶がないの――」

目が覚めると、エリさんは自分の部屋のベッドで寝ていたという。

「やっぱり、家に憑いている地縛霊が守ってくれたんですかねえ」

「うん。それしか考えられないんだよね」

すごい話が聞けたと画面越しにみんなが盛り上がっていると、エリさんが唐突に話し出した。

「でもね、また引っ越さなきゃいけなくなったの」

「え、またですか?」

「うん。転勤が決まって――」

言い終わらないうちに、エリさんの片腕が上がった。そしてその片腕は、誰かが引っ張っているかのような動きをしだした。

画面越しでも分かるほど彼女は驚いたような顔をし、抵抗している素振りを見せたが、
片腕を引っ張られる動きをしたまま、画面の外へ消えていった。

画面にはエリさんのいない部屋だけが映っていた。

「みんな、初めは冗談でやってるのかと思ってたんです。でも、ユカコさんがエリさんはふざけてそんなことはしないって騒ぎだして――」

ユカコさんがエリさんの携帯に電話を入れたが、何回かけても一向に出なかった。

「それでユカコさんが、すぐにエリさんの家に行くって話になって。その日のZOOM怪談会はお開きになったんです。ZOOMを終了する前、ユカコさんには何かあったら連絡してくれと伝えておきました」

それから五時間ほど経って、ユカコさんから連絡が入った。

「やっぱりエリ、家にいなかった。大家さんと警察にも連絡して、一緒に家に入ったんだけど――」

エリさんは財布も携帯も家に置いて姿を消していた。部屋は荒らされた様子はなく、失踪届だけは警察に提出してきたらしい。

「びっくりしましたよ。でも、すぐ帰ってくるんじゃないかという思いと、このまま行方が分からなかったらどうしようって心配する気持ちと半々でしたね。もう何がなんだか分からない状態だったんです」

だが、それから数日経った頃、突如としてエリさんの行方が分かった。

ここから先はユカコさんから直接伺った話を綴る。

「突然、警察からエリの両親に電話がきたんです。場所は詳しく言えないんですが、東北の方の警察からでした。ええ、エリが見つかったって連絡です。病院に入院してるから、迎えに来てくれって」

ユカコさんがエリさんの両親と病院に駆けつけると、エリさんの意識ははっきりしていたという。

「もう、心配してたんだから」

「ごめん。でも、私もどうしてあそこにいたのか全然分からないの。家で腕を引っ張られたことまでは覚えてるんだけど」

エリさんが言う〈あそこ〉というのは、東北のとある村にある祠のことだ。

彼女はその祠の中にいた。祠の中にいた時のこともエリさんは記憶にないという。

発見してくれたのは村の住民であった。掃除をしている最中、祠の扉が少し開いていることに気付き、閉めようとして中にいたエリさんを見つけたという。

村の人に見つけてもらい病院に来たことは、エリさんも看護師から聞いて知っていた。

「ただ、それ以外のことは全く覚えていなくて。で、あとから、エリを病院に連れて行ってくれた村の人のところにお礼に行ったんです。そこでエリを見つけた時の様子を詳しく訊きました」

村人が祠の扉を開けると、ボサボサの髪にボロボロの洋服を着た女性が蹲っていた。

「ちょっとあんた、大丈夫か？」

目は虚ろで頬はこけ、おもらしをしたのか床はびしょびしょに濡れていて、アンモニア臭が漂っていた。衰弱している状態がありありと分かったという。

「今、救急車呼ぶからな。ちょっと待ってろ」

村人がそういうとエリさんは突然、えずき出した。

急いで背中をさすると、長い髪の毛を大量に吐き出したそうだ。

「エリは退院してから元気にやってます。あの家にも住んでいません。ただ、怪談会には来なくなりました」

退院したエリさんは真っ先に拝み屋に会いに行ったらしい。

そこではこう言われたそうだ。

「あなたが引っ越すと聞いて、地縛霊はもう利用できないと踏んだのね。それならいっそ命を取るか、と思ったんでしょう。日頃、私のところに来てたから助かったのよ。それだけは不幸中の幸いだったわ」

あの家を引き払う時も拝み屋に来てもらった。

そして今後は霊が集まりやすい場所には行かないようにと、怪談会に出席することも禁止されたという。

のど自慢

もうすぐ還暦を迎えるという高野《たかの》さんは以前、都内で小さなスナックを構えていた。オーナーだがマスターも兼ね、お店にも出ていたそうだ。

もう五年ほど前に閉めてしまったのだが、そのお店で起きた怪異の話である。


高野さんのお店はとある地下鉄の駅からほど近い場所にあった。

都内といっても都心からは外れていて、繁華街というわけでもないため大賑わいするようなことはないが、逆にその隠れ家感が良いという常連客のお陰でそれなりにやっていけたそうだ。

十五年ほど前にオープンしたそのお店は、L字のカウンターに六席、テーブルはソファ席で、詰めれば十人ほどが座れるという小ぢんまりとしたものだが、高野さんは「これくらいがちょうど良いですよ。女の子もたくさん雇えるわけじゃないしね」と笑った。

前述のとおり常連客がメインであり、特に週末はいつもの面子でカラオケ大会になることも多かった。

「カラオケには採点モードってあるでしょ？　誰かが採点モードにするとそこから白熱することが多いんだよね。藤田《ふじた》さんもその一人でね」

藤田さんというのは高野さんより十歳ほど年上の、柔和で明るい男性客だったそうだ。およそ八年前、つまりお店を閉める三年ほど前から通い始めていたという。

しばらく前に奥さんを亡くしてから一人暮らしをしており、子供も独立して遠方に住んでいるため、人恋しいのだろう。主に週末にお店を訪れていたのだが、やがて平日にやってくることも多くなった。

藤田さんのカラオケの十八番は八〇年代に人気のあったとある歌手の曲で、お店に来た時は必ずといって良いほど歌っていたそうだ。

「あの歌手の歌の中ではちょっとマイナーな歌なのかな？　でもその歌が特に好きみたいでね。採点合戦になるとよく入れてたなあ。正直なところ、藤田さんは特別歌が上手いってほどでもなかったからね。八十点超えるのが精いっぱいだったよ」

高野さんは苦笑いをしながら懐かしそうに話す。私も歌を聴くのは好きだが歌うのは上手くない。カラオケも滅多に行かないし採点モードはまず選ばない。

藤田さんは穏やかな人だったが、このカラオケの点数だけは悔しさが勝っていたのか、ある日高野さんにちょっとした頼み事をしてきた。

「練習を？」

「うん。マスター、いつも開店前に来て準備してるだろう。邪魔にならないようにするから、隅っこで歌わせてくれないかな？　入店時間もそこからで料金計算してくれて構わないから」

　藤田さんのお願いとは、お店がオープンする前の、他の客がいない時間に店内でカラオケの練習をさせてもらうことだった。

「少し面食らったけどね。藤田さんもけっこう熱い人なんだなあと思うとまあ面白くて。開店の三十分前からならということで、事前に連絡をもらってこっそり入れてあげることにしたよ。週に一～二回くらいかな。時間もちょっとだからお代は取らないでおいた。もちろん藤田さん、その日はオープン後にも必ず歌うんだけどね。練習でまあまあの点が出たのに本番で下がってた日は本当に悔しそうな顔してたなあ。練習のことは秘密だから僕は何も言わなかったけどね」


　そんな藤田さんがお店に姿を現さなくなったのは六年前の春先だった。

　二週続けて来ないことがない藤田さんからの、オープン前練習の連絡が途絶えて半月ほど経っていることに気づいたのだ。

高野さんも気にはなったものの、藤田さんの連絡先は分からない。藤田さんはいつもお店の固定電話に電話をかけてくる上、その固定電話にはナンバー表示機能がないのだ。

それに、それまで足しげく通ってきてくれていた常連客が、ある日ぱったり来なくなるということはままある。高野さんもあまり気にするのはやめようと思い直すことにした。

藤田さんが来店しなくなってから半年近く経った九月にそれは起きた。

高野さんがいつものように開店前の準備をしている最中、突然、何かの歌の前奏が聞こえてきたのだ。厨房で洗い物をしていた高野さんはその手を止めてフロアを覗き込んでみた。

聞き覚えのあるその曲は、藤田さんの十八番のあの曲である。

高野さんは動揺しながらも、何かの誤作動だろうと考え、厨房のそばに並べてあるデンモクの一つを取り上げ停止ボタンを押した。しかし曲は止まらない。別のデンモクの停止ボタンも試してみるが同じである。

いっそ本体の電源をオフにしようかと思ったところで高野さんは気付いた。そもそもまだカラオケの電源を入れていないのだ。

しかし本体にいくつかのランプが点っていることを考えると電源は入っているようだし、同様に点けていないはずのモニターもオンになっている。

さすがにこれはただごとではないと恐怖を感じた高野さんは、カラオケ本体の電源を切るべくフロアに出ようとした。

しかし高野さんの体は動かない。

さっきまで、デンモクを操作したり、フロア側のカラオケ本体やモニターを確認していた時は普通に動いていた体が、電源を切ろうと思った瞬間に動かなくなってしまったのだ。

藤田さんだ。そう高野さんは直感した。カラオケはミュージックしか流れていないが、いまここで藤田さんが歌っているのだ。

冷や汗を流し硬直した高野さんを尻目に曲は流れ続け、やがて最後のフレーズが終わった。歌そのものは全く聞こえなかったので、あくまで曲だけだったが。

「これで、終わってくれたか……?」

体を動かそうとする高野さんだが、全身は強張ったままだ。まだ何かあるのか?

次の瞬間、モニターにはカラオケの採点画面が映し出された。

点数は八一点と表示された。

いやいや誰も歌ってなかったろう。と、高野さんが内心で少々ずれた突っ込みを入れた時、それまで全く動かなかった体に自由が戻り、カラオケもモニターも電源が切れた。

静寂を取り戻した店内に耐え切れなくなった高野さんは飛び出すように店を後に

して、その日は臨時休業にすることにした。

翌日。昨晩の恐怖もあるが、準備途中で投げ出してしまったお店のことが気がかりな高野さんはいつもより早めに店に入った。店内は昨晩高野さんが飛び出した時のまま変わっていない。

あれが機械の誤作動などでは説明がつかないことは間違いない。藤田さんだと直感したが、ということは藤田さんは……。そう思った高野さんは、今日こそちゃんとお店を開けなくてはと思いつつも、得体の知れない不安や焦りで準備が進まなかった。

そうこうするうちに開店まであと三〇分。昨日できなかった、お通しの準備をしようと冷蔵庫を開けた時、背後のフロアからまたあの前奏が流れ出した。

ああやっぱりダメか。

昨晩だけで済んでくれればと淡い期待を抱いていた高野さんであったが、その日もまた電源を入れていないカラオケもモニターも勝手に点いてしまい、藤田さんの十八番の曲が始まったのだ。

逃げ出したい恐怖に駆られながらも高野さんは、「曲が終われば、採点が終われば消えてくれるんだ」と自らに言い聞かせて耐えた。

高野さんが今日お店に来た時、店内が昨晩のままだったということは、これ以外で店に何か起きることはないのでは。そう思いたかったのだ。

やがて曲が終わり、昨晩同様に採点が始まる。

モニターに表示された点数は七九点だった。

ありゃあ、昨日より低いじゃないか。歌は何も聞こえてないのに、昨日とは調子が違うのか。いやそもそも機械は何の音を拾っているんだ？

やはり少々場違いな感想を抱く高野さんの前で、またカラオケもモニターも電源が落ちる。

「藤田さん、いるんですか？」

震える声で店内に呼び掛けてみても返ってくるのは静寂だけであった。

「二日連続で休むわけにもいかないしね。その日はやむなく開けたよ」

営業中にまたあの曲が流れ出したらどうしようかと思いながら厨房とフロアを行き来する高野さんだったが、結局営業中におかしな現象が起こることはなかった。

しかし翌日もまた同じことが起きた。

開店の三〇分前。藤田さんに練習を許可した時間にあの曲は流れ始める。終わると採点が始まり三日目の今日の点数は八〇点ちょうどだった。

特に害はないのだとだいぶ腹が据わってきた高野さんだったが、もしこの状況を店の女の子や他の客に知られたらと思うと気が気でない。「幽霊がカラオケを練習しに来るスナック」なんて不気味なだけだろう。

どうにかしてこの現象がおさまってくれなくてはと高野さんは思い悩んだ。

その日は週末だったこともあって常連客が多く来店し、カラオケの採点バトルも過熱した。

上手い人は安定して高得点を出すが、歌唱力がやや落ちる人はなかなか点数が伸びない。後者のある客が何曲目かの挑戦を今ひとつの結果で終えた。

「ダメだあ。どうやったら点数上がるのこれ？」

その客の嘆きに周囲から笑いが起きる。高野さんもつられて笑ったが、藤田さんもこんな思いで三日も連続して怪異を起こしているのだろうかと思うといたたまれなくもあった。ふとお店の女の子の一人に耳打ちする。

「こっそり点数上げたりできたら良いんだけどね」

「ありますよ？　それ」

あまりにもあっさりと返ってきたその言葉に高野さんは呆気にとられた。

閉店後にその女の子に聞いたところ、お店で使っていた機種には「接待モード」

というものが存在するそうだ。

機械に特定の番号を入力して採点するだけで、必ず点数が上乗せされて高得点になるらしい。歌の下手な上司や取引先の客などを文字通り接待するためのコマンドだそうだ。

「僕は機械が全然ダメだからね。あのカラオケを入れる時も最低限の説明しか受けなかったし、何かあればメーカーに聞けば良いやって思ってたからなあ」

ともかくその隠しコマンドの存在を知った高野さんは腹を決めた。

藤田さんは元々、あの十八番の曲で高得点を出したがっていて、オープン前の練習を願い出てきた。そして今もその時と同じ時間に同じ曲で採点をしている。

藤田さんはどうしてもあの曲で高得点を出したいのだ。恐らくもうこの店に来れないであろう藤田さんの、最後の心残りなのだろう。

姿なき藤田さんが現れてから四日目のその日、高野さんは藤田さんが歌い始めるであろう数分前にカラオケの機械を立ち上げ、教わった手順の入力を行った。

画面上はこれまでの採点モードと変わりなさそうに見える。

そして開店三十分前になり、やはり例の曲のイントロが流れ出した。

もはや怖さよりも「高得点が出るか」で頭がいっぱいになった高野さんは、ただひたすら祈り続けていた。

やがてミュージックがフェイドアウトして、採点が始まる。

祈り続ける高野さんの目に飛び込んできた数字は「九一」だった。

「やった！　すごいね藤田さん。練習の成果が出ましたねえ！」

大きな拍手をしながら高野さんは叫んだ。


「無事に高い点が出たからね。思わず声は出たけどセリフは準備していたやつだったし、藤田さんに演技がバレるかなあって冷や冷やしてたよ。事前に機械を点けて何やら操作してたのも、もし見られていたら怪しさ満点だろ」

しかし、いつもなら点数が出たあとすぐにカラオケやモニターの電源が落ちるのだが、この日はそうなることはなく、採点の表示が終了してもそれぞれの電源は点いたままだった。

「結局その翌日からあの現象はなくなったよ。九一点で満足してくれたのかな。騙したようで悪いとは思ったけど、こちらも商売だしねえ」

藤田さんがやはり亡くなっていたことは、そのしばらく後に人づてに分かったそうだ。予想通り、最初に怪異が起きた日あたりに亡くなっていたらしい。

わいいき

二十年ほど前の出来事である。

まだ大学生だった涼介さんは、夏休みを利用して実家に一か月間ほど帰省した。

一番の目的は祖母に会うことだった。

前年に祖母は家の中で足を滑らせ骨折し、車椅子生活を余儀なくされていた。足を悪くするまでの祖母は、高齢者とは思えないほどパワフルに動き回っていた。

実家はバリアフリーにリフォームをしたが、それでも車椅子での生活は祖母にとって窮屈なものだったのだろう。以前のように一人で外へ出かけることも難しくなり、そのせいもあるのか、ここ最近は認知症の症状が出始めていると聞いていた。

その症状は日によって波があり、物忘れが酷く家族の顔も認識できない日もあれば、認知症なのか分からないほど症状が出ない日もあった。

いつもなら帰省しても一週間ほどで東京に戻るのだが、この時はなるべく長く祖母と一緒に過ごしたいと、長期滞在の予定を立てたという。


ある日の晩。

夕食の最中、父から「明日、庭の木を剪定してくれないか」と頼まれた。

庭の木とは藪椿のことだ。普段は庭いじりが趣味である祖母が手入れをしていたが、今はそれもできなくなり、枝葉がかなり伸びていた。腰痛持ちの父にも庭の手入れは負担なのだろう。そう思った彼は二つ返事で引き受けたという。

「あの木を切るにはちょいとコツがいるからねえ。横で祖母《ばあ》ちゃんが指導してやろう」

夕食を済ませ自室に戻ろうとする涼介さんに、祖母がそう声をかけてきた。

ここ何日かの祖母は元気で、認知症の症状は出ていない。

「え、体調は大丈夫なの」

ただでさえ夏の暑い盛り。元気そうに見えても、高齢の祖母を長時間外に出すのは心配だった。

「祖母ちゃんを見くびっちゃいけないよ」

可愛い孫に指導できるのが楽しみなのか、祖母は茶目っ気たっぷりでそう言うと笑顔で部屋に戻っていった。

翌日の早朝。涼介さんは比較的涼しい時間帯に済ませてしまおうと、祖母の部屋へ向かった。

祖母は起きてはいたが、車椅子に座ったままボーッと窓の外を眺めていた。

「祖母ちゃん」

心配して声をかけると祖母はゆっくり彼の方を向き、他人行儀な会釈をしてきた。

涼介さんを孫だと認識していない仕草だ。こうなってしまうと、何を話しかけても会話にならないのが常だった。

仕方ない、適当に切るか。

と、部屋を出ようとする涼介さんの耳に「わいいき」という声が聞こえてきた。振り返れば祖母が自分の方に手を伸ばしながら「わいいき、わいいき」と、しきりに話している。まるで、何かを訴えているかのようだ。

「その、〝わいいき〟って何?」

無駄だと分かっていても一応訊いてみる。

いつもなら、認知症の症状だと考えて気にしないのだが、何度も腹から絞り出すような声で繰り返すため、いささか引っかかるものがあったのだ。

それでもやはり祖母は、「わいいき」を繰り返すばかりで話にならない。

「わいいき」とは一体——しばし考えて彼が出した結論は、「悪いし」だった。

祖母ちゃんは、俺一人にやらせるのが悪いと思ってるんだな。

そう納得した涼介さんは、祖母を置いたまま部屋を後にした。

倉庫から脚立を出し藪椿の前に置いた。

脚立はかなりの高さがあり、古いものなのかグラグラ揺れるため、下で父に押さえてもらっていた。

「適当に、短く切ってくれればいいから」という父の言葉に甘え、狩込鋏《かりこみはさみ》で伸びた部分だけザクザク切っていく。

——あれ。

切り始めて間もなく、どうやっても切れない枝にぶつかった。

枝は太くない。伸びた部分なので細いくらいだ。しかしいくら力を入れても切れない。

奇妙に感じ手を止めた。すると。

突然、青々と茂っている枝葉の中から、両腕がバッと突き出てきた。

その腕は涼介さんの胸倉を強い力で掴むと、そのまま彼の身体を軽々と宙に持ち上げた。

父にもそれは見えていた。下から自分に向かってわーわーと何やら叫んでいたが、それどころではない。

掴まれたTシャツの首元は引っ張られ伸び伸びになって破れる寸前であった。Tシャツの首元だけ掴まれたものだから、涼介さんの身体はその得体の知れない腕にぶら下がる恰好になっていたのだ。

何だ、この腕は。どうなってるんだ。

パニックになりながらも見たその腕は、丸太のように太く毛深く、血管が浮き出ている。まるで荒々しい男の腕が、ニョキッと木から生えているように見えた。

「落ちるっ」とその腕に掴まろうとした瞬間、腕はパッと消えて彼はそのまま下にドスンと落ち、尻もちをついた。

落ちた場所に芝生を敷いてあったのが幸いだった。臀部に多少の痛みはあったが、大した怪我ではなかった。

それよりも今のは一体、何だったのか――。

すぐさま駆け寄ってきた父親と二人、顔を見合わせたが答えは出なかった。


その翌日。涼介さんは目が覚めると、真っ先に祖母の部屋に向かった。

昔から藪椿の手入れをしていたのは祖母であった。

祖母なら何か知っているかもしれない。

昨日の出来事のあと父と話し、明日、祖母の調子が良かったら二人で話を訊こうということになっていた。だが目覚めたあと、くだんの腕のことを考えれば考えるほど、居ても立ってもいられなくなり、ひとりで突撃したのだった。

「祖母ちゃん!」

ノックもせずに、祖母の部屋のドアを開いた。

身支度をしていた祖母は涼介さんがいきなり部屋に入ってきたので、初めは目を白黒させていたが、すぐに「どうしたの」と優しい口調で訊いてきた。

今日は大丈夫そうだ。安心した涼介さんは昨日の出来事を全て伝えた。

「ああ、そうだったの。やっぱり、あの時と同じだねえ……」

祖母は自分がいないところで、涼介さんに木を切らせたことをしきりに謝ったのち、ぽつぽつと語りだした。


祖父と一緒になる前、祖母には許嫁《いいなずけ》――一生を誓った相手がいた。

二人は幼馴染であった。親同士が決めた縁談であったが、お互い子供の頃から憎からず想っていたらしい。時代も時代だったため、祝言《しゅうげん》が終わるまでは大っぴらに二人きりで会うことは憚《はばか》られたが、お互いの家を行き来する時になど、ふと目が合うだけで幸せを感じていた。

ところが、祝言を挙げる日を指折り数えていた二人の元に不幸がやってきた。

許嫁のところに召集令状がきたのだ。

許嫁もその両親も「お国のために立派に死ぬ」と勇んでいたが、この話を伝えられた祖母は立っているのがやっとであった。悲しいけれど、戦時中は涙を見せてはいけない。笑顔でお祝いを告げるしかなかった時代だった。

そして互いの家が話し合った結果、祝言は前倒しで行うことになった。出兵前にせめて所帯を持たせてやりたいという、向こうの親御さんの強い要望だった。

だが、祝言を挙げる日はこなかった。

許嫁が首を括って自殺したのだ。

「神社の木にロープをかけてね……その木があの藪椿なんだよ」

許嫁は戦地に行くことを周りに誇っていた。腕っぷしも強く、さぞ立派に務めを果たすだろうと誰もが期待していた。遺書もなかったため、なぜ自殺したのか、周囲は首を捻るばかりであったという。

「でも、祖母ちゃんには分かっていた。あの人は体格も良くて喧嘩も強かったけど、本当は気が弱い人だって――」

気が弱いから、戦地に行くのが怖いと誰にも言えなかったのだろう。溜めに溜め込んだ恐怖が、許嫁を死に追い込んだのかもしれない。

それからしばらくして、祖母は親戚の勧めもあり祖父と結婚した。

終戦後、この家を建ててから神社にお願いし、くだんの藪椿を移植したそうだ。

祖父も一度だけ、祖母のいない日に手入れをしようとしたらしい。

「涼介と同じ目にあったみたいでね。飛び上がって驚いてたわ」

怖がった祖父はあの木を処分すると言い張ったが、祖母が理由を話し必死に止めた。

全てを聞いた祖父は複雑な顔をしていたが、戦争という異常な状況下を体験した者同士何か感じるものがあったようで、処分することを断念したらしい。

「あの木はね、祖母ちゃん以外が手入れをすると暴れ出すんだよ。木から出てくる腕は、あの人の腕だと思う。ただ、不思議なことに他の人に頼んでも、祖母ちゃんほんと、見た目に反して気が弱い人だったからね。祖母ちゃんがいないと駄目なんだよ。祖母ちゃんが傍にいると暴れないんだ」

遠い昔を懐かしむような柔らかな口ぶりであった。

「祖母ちゃん、昨日言ってた〝わいいき〟って、どういう意味？」

最後に涼介さんは、昨日から気になっていたことを聞いた。

「ああ、それは〝悪い木〟って言いたかったんじゃないかねえ」

認知症の症状が出ている時は、祖母も何を言ったのか覚えていない。ただ、孫を守るために本能的に出た言葉ではないかと、涼介さんは思っている。

それから数年後、祖母は亡くなった。

朝、起きてこない祖母を心配した母親が様子を見に部屋に行くと、ベッドの上で眠るように息を引き取っていた。

亡くなる日の前日、祖母は死を予兆していたのか、藪椿の下の方に生えている枝を一本だけ切り「私が死んだら、棺桶に入れて欲しい」と、父親に託していたそうだ。

以来、涼介さんの実家にある藪椿は、誰が手入れをしても暴れなくなったという。

ご神木にて

知人の篠山《ささやま》さんは今年で五十歳になる男性だ。

彼は一時期、クワガタの飼育に熱中していたことがあるという。

「今から二十年ちょっとくらい前でしょうか、オオクワガタが手軽に飼育できるようになりましてね。私も小さい頃に憧れていた虫だったので、年甲斐もなく始めてしまいました」

当時はそのブームのお陰で、飼育の参考となるような書籍も多く刊行され、またネットの普及もあり、飼育の情報には事欠かなかったようだ。

成虫だけでなく幼虫の飼育も楽しいそうで、成虫幼虫を合わせて七十匹ほど飼育していたこともあるという。

「二桁ではまだまだ趣味の段階ですね。本当にハマった人は普通に何百匹も飼っていましたよ」

私も虫は特に苦手ではないのだが、さすがにそれだけの数の虫が蠢いているのを想像すると、愛想笑いも引きつってしまう。

しかし篠山さんはよほど好きなのだろう。大きなスチールラックいっぱいに並んだ飼育ケースの写真を私に見せながら、しばし当時の飼育の苦労を語った。

「ああすみません、怖い話でしたね。クワガタ仲間、というか先輩の話なんですが」

これまた同じ頃に流行り始めたSNSを利用して、クワガタ関連のコミュニティに参加した篠山さんには何人かの友人ができた。

その中でも、彼より七歳年上だという中沢《なかざわ》さんは前述の「本当にハマった人」であり、自宅のガレージを数百匹のクワガタが飼育できる部屋に改造したほどの強者らしい。

篠山さん自身はブームから少し遅れてオオクワガタ飼育を始めたそうだが、中沢さんは黎明期から始めた、いわば古参のマニアである。

篠山さんは中沢さんからオオクワガタ飼育のコツを教わったり、大型の成虫になりやすい血統の幼虫を譲ってもらったりしたこともあるという。


さて、クワガタマニアには飼育だけでなく野外での採集を好む人も多い。

中沢さんもその例に漏れず、シーズンになると必ず採集に出かけていたそうだ。

今から十五年ほど前のある初夏、中沢さんは知人と共に自家用車を駆っていつもの採集ポイントを目指していた。

毎年のように採集に出かけていると、よく採れるポイントはおのずと限られてくるもので、中沢さんはとある山の中腹にある大きなブナの木がお気に入りだった。

その大木には地上から一・五メートルほどの高さの位置に大きなウロ（樹洞《じゅどう》）があり、オオクワガタはこういうウロをよく隠れ家にするのだそうだ。

住み心地の良いウロは競争率も高く、強いクワガタつまりオオクワガタの中でも体の大きな個体が争奪戦に勝つことが多い。大きなクワガタを採集したいマニアには垂涎《すいぜん》のご神木というわけである。

採集ポイントの近くで車を停め、中沢さんと知人は道路脇の雑木林に分け入った。ご神木は道路から多少離れているものの、途中の木々に目印をつけていたこともあって、彼らは迷うことなくくだんの木にたどり着いた。狙いのウロも大きな口を開けている。

中沢さんがウロの中を懐中電灯で照らすと、奥の方で黒い塊が後ずさるのが見えた。しっかり住みついているようだ。

今シーズン初の採集で首尾よく野生のクワガタをゲットできる興奮を抑えつつ、中沢さんはJ字型に曲げた針金とピンセットを取り出して捕獲の体勢に入る。知人は懐中電灯で中沢さんの手元を照らす係となった。

このウロはかなり奥まっており、針金の先に硬めの手応えはあるものの、クワガタも抵抗しているのかなかなか引っ張り出すことができない。

格闘すること数分。中沢さんはウロの中に右腕を押し込んでみた。

ウロは細身の中沢さんの腕ならギリギリ通るサイズだが、入れてしまうともう中は見えない。それでも勘を頼りにクワガタが逃げ込んでいる辺りを探ってみる。

「わああ！」

突然中沢さんが叫んで腕をウロから引き抜き、そのまま後ろに尻もちをついた。

中沢さんのあまりの驚きように知人が「どうした？」と尋ねると、

「な、何かに腕をつかまれた！」

そう中沢さんは叫んで、腰を抜かしたまま後ずさった。

そんな馬鹿なと知人が懐中電灯で照らしながらウロを覗き込んだ。

しかしそこには深めの穴と、やや入り組んだ箇所に逃げ込んだであろうクワガタの体の一部が見えるだけである。

「何もないよ。腕をつかむなんてそんな」

言いかけた知人が頭に手を当てた。上から何かが滴《したた》ってきたようだ。

前日から晴れていたはずなのにと怪訝に思った知人は、何気なく懐中電灯を上に向けてみる。

「ぎゃああ！」

今度は知人が絶叫し、懐中電灯が照らす先を見た中沢さんも「ひいっ！」と短い悲鳴を上げた。

暗闇の中に薄く照らし出されたのは、ゆらゆらと揺れる男性のものと思しき二本の足。その上にははっきり見えないが胴体と両腕もあった。足の先からは、恐らくその身体から漏れ出たものであろう液体がまた滴り落ちてきた。

恐慌からどうにか立ち直った彼らは急いで警察と消防に連絡した。

駆け付けた救急隊員によって木から降ろされたのはやはり男性で、ここで首を吊ってからまだ日は浅いだろうとのことである。

深夜にこのような場所で第一発見者となってしまった中沢さんらは、当然警察の取り調べを受けることとなったが、ここに来るまでの行動を含めて怪しいところはなく、出で立ち、持ち物全てが昆虫採集目的であることを示しており、程なく解放された。

首を吊って亡くなった男性の詳細を知らされることはなかったが、あの時腕をつかんだのは、恐らく遺体の男性だろうと中沢さんは語った。夢中でクワガタを捕まえようとする中沢さんらのすぐ上でぶら下がる彼が、自分を見つけて欲しかったのだろうと。

「真夜中に首吊り死体発見ですからね。もう採集どころじゃなくなって、あと一歩で捕まえられそうだったクワガタを放って帰ったのがすごく悔しかったそうです」

そう話す篠山さんに、さすがマニアだとやや引き気味ながら感嘆した。

しかし、それだけ怖い思いをしたのだから、もうその木でクワガタ採集などできないであろう。それどころか、この件がトラウマとなって、昆虫採集自体ができなくなっていても不思議ではない。

そう篠山さんに尋ねると、

「いえいえ。中沢さん、またすぐあの木に行ってるんですよ。今度はしっかりとオオクワガタを捕まえたそうです」

マニアの根性恐るべし。たださすがに恐怖は残っていたようで、採集の前にご神木の前で手を合わせ、くだんの男性の冥福を祈ったとのことだ。

そして何事もなく採集ができてからは、またしばしばその木を訪れているそうである。

「気のせいかも知れませんが、以前よりもよく採れるようになったらしいです。自分の遺体を見つけてくれた男性からのお礼かもと言ってましたね。ただ、ウロに手を入れるのだけはできなくなったみたいですけど」

なお、篠山さん自身はたいへん怖がりらしく、自分でもそろそろ採集を始めてみようかと思っていた矢先に中沢さんからこの体験談を聞き、結局採集には行かず終いだったそうである。

怒りの日

「何からお話しすればいいのか……」

喫茶店でお会いした加代子《かよこ》さんはそう言うと、少しはにかみながら微笑んだ。

遠い昔の記憶の糸。その長い糸を手繰り寄せているかのように天井を見つめたあと、一語一語を噛みしめながら、ゆっくりと語りだした。

「昔は……特に私が住んでいた地域では、私のようなハーフは偏見の目で見られることが、今よりも多かったんですよね」

アメリカ人の父親は、彼女が生まれてすぐに他界した。母親の妊娠が分かってからほどなくして、父の癌が見つかったのだ。見つかった時はすでに末期だと告知され、医師も手の施しようがなく、あっけなくこの世を去ってしまったそうだ。

「父の病気が発覚して母は祖父母から、私を産むことを猛反対されたそうです。結婚する時も、駆け落ち同然だったって言ってましたから」

ただでさえ色眼鏡で見られるというのに、お前一人で育てられる訳がない。どうしても産むというなら、今度こそ親子の縁を切る。

加代子さんの母親は両親からそう告げられたが、迷うことなく彼女を産んだ。

「そんな母からは〝どんなことがあっても誇りを持って生きなさい〟と、幾度となく言われて育ちました。〝虐めや差別に負けない強い人になりなさい〟と」

彼女は幼い頃から母親の言いつけを守った。また、生来の気の強さもあり、容姿のことで冷やかされ悪口を言われても、毅然とした態度で接してきた。

「冷たくあしらったり、言い返したり。意地悪をしてくる子は、私がやり返すと思っていないからびっくりするんです。それで、ほとんどの子は二度と悪口を言わなくなる。小学校までは嫌な思いをしても、ずっと虐められることはなかったですね」

そんな加代子さんにも転機が訪れる。

今から四十年ほど前、中学二年生だった彼女は初めて酷い虐めを受けた。

同じクラスであり、不良少女たちの中心にいたA子に目をつけられたのが発端だった。

やはり加代子さんの外見——日本人離れした白い肌に彫りの深い顔立ち、特に彼女の髪が明るい栗色であったことが、気に入らなかったようだ。

当時はヤンキー、またはツッパリとも呼ばれていた非行少年少女たちが社会問題になっていた時代。彼らが学校で暴れる行為は〈校内暴力〉と名付けられ、マスメディアで頻繁に報道されていた。卒業式が終わったあと、気に食わない教師を集団で暴行するヤンキーならではの〈お礼参り〉という言葉が、世間を賑わせたのもこの頃である。

悪口や罵倒は勿論のこと、下駄箱の中には溢れんばかりの生ゴミが入れられ、トイレに入ればバケツの水を頭からかけられた。私物がいつの間にか無くなり、机には〈死ね〉〈ブス〉〈ガイジン〉〈自殺しろ〉等、その他にも文字にすることが憚られる内容を油性マジックで書かれたりもした。テンプレ通りの虐めは一通りやられたという。

なかでもA子の行いが、一番質《たち》が悪かった。

わざとぶつかり、時には足を引っかけ、彼女が転ぶところを見ては爆笑していた。体育館倉庫に無理矢理閉じ込められ、長時間放置されたこともある。家庭科の授業では——普段はほぼさぼっているくせに、加代子さんを虐めるためだけに出席し、手の甲や腕をマチ針で刺された。廊下で会えば、頭を小突かれ腕をつねられたりもした。

生傷が絶えない毎日。

加代子さんは階段を下りる時も突き落とされるのではないかと不安になり、近くにA子がいないかを確かめ怯える日々が続いていた。

勿論、ここに至るまで加代子さんは大人しく黙っていたわけではない。

A子に事あるごとに抵抗し、虐めに対して一歩も引かない姿勢を見せてきたが、それらが全て仇となった。A子は自分に歯向かってくる加代子さんのことを「生意気だ」と罵り、虐めに拍車をかけていったのだ。

虐めが酷くなる一方で、普段話していたクラスメイト達も加代子さんを無視しだした。

この虐めに巻き込まれるのが怖かったのだろう。些細なことでも相談し合い、励まし合ってきた親友からまでも、「もう話しかけてこないで」と、脅えたような目で拒絶された。

ショックだった——。

終わりの見えない虐待と孤独に苛まれ耐えきれなくなった加代子さんは、一度だけ担任であった女性教師に虐めを受けていると相談した。だが「あなたにも悪いところがあるから、虐められるのよ」と逆に責められてしまう始末。

それだけA子の、更に言えばA子が学校でつるんでいた男の不良グループの存在も大きかったのだ。学校の教師たちもこの虐めに気付いていたが、A子たちの報復を恐れて見て見ぬ振りをしていた。

幾ら気丈な加代子さんであっても、こんな地獄のような状態が続けば心がすり減り弱っていく。鬱状態が続きふさぎ込む日が増え、家でも口数が少なくなった。

そして、彼女の変化に気づいた母親が心配して声をかけてくるたびに苛立ち、自室に籠ることが多くなった。

母親にはとてもじゃないが打ち明けられない。日頃から虐めや差別に負けるなと正論を振りかざす母には、この辛さは分からないだろう。

母親との関係も日増しに悪くなっていた加代子さんであったが、ほんの僅かな希望はあった。

あと、二週間もすれば夏休みに入る。夏休みの間はA子たちに会わなくて済む。

会わない間に、私を虐めようという気持ちも無くなってくれれば……。

でもそれは、本当に儚い望みであった。


夏休みまであと一週間となった日の放課後。

校門を出た彼女は待ち伏せしていたA子たちに取り囲まれた。

「面《つら》貸しな」

A子が加代子さんにそう告げると、取り巻きたちは一斉に彼女の腕を掴み、近くにあった廃材置き場まで引きずっていった。

いくら彼女が「止めてっ」と叫んで抵抗してもおかまいなしに、だ。

その廃材置き場はとある工場が管理していたが、ときどき工場の作業員が廃材を置きに来るだけで、誰でも入れる状態であった。

近隣住民は子供たちが入ると危ないからと、廃材置き場に柵を設けることを散々要求していたが、当時の工場側は聞き入れることはなかった。

その人気のない廃材置き場にはプレハブ小屋があった。

取り巻きの一人が小屋のドアを開けると、熱気のこもった埃の匂いが鼻を突いた。

ここに入れられるとマズい。加代子さんはギリギリまで抵抗したが多勢に無勢である。

背中を強く押され、蒸し暑い小屋の中に転がるように入れられると、首から下を中心に殴る蹴るの暴行が始まった。

苦痛のあまり、涙が止まらず顔がゆがむ。

「止めて」「許して」と懇願しても、汗だくになったA子たちの手は止まらなかった。

それればかりか、加代子さんが呻き声を上げるたび、A子は興奮しているかのように目を爛々と輝かせた。

A子の気の済むまで痛めつけられると次は財布を取られ、僅かばかりの小遣いまで巻き上げられた。

「これしかねえのかよ」小銭を手にしたA子が舌打ちしながら呟く。

「しけてんなあ」「もう行こうぜ」「明日はちゃんと金持ってこいよ」取り巻きたちが倒れている加代子さんを横目に口々に言うなか、A子の「そうだっ」というテンションの高い声が響き渡った。

惨忍で狡猾なA子のこの言葉に、加代子さんは更に震えた。

これ以上、酷い目に遭うのかもしれない。

残っていた力を振り絞り、加代子さんは逃げだそうとした。だが、身体を少しでも動かすとズキンと痛みだし、すぐに起き上がることができない。それでも逃げようとあがいてみたが、取り巻きたちに押さえられまた体の自由を奪われてしまった。

その間、A子はおもむろに煙草を取り出し、火をつけていた。

嫌な予感は的中した。

A子は加代子さんのスカートをまくり上げ、太ももに煙草の火を押し当てたのだ。

かんかんに熱した火箸で刺されたような激痛が走った。

周囲にばれないようにするためなのか、A子はわざわざ太ももの内側に火を押し当てていった。加代子さんが泣こうが叫ぼうがおかまいなしに、ゲラゲラと笑いながら行う様は悪魔そのものであったという。

「明日、一万持ってきな。持ってこないともっと酷い目に遭うよ」

太ももの焼けるような痛みに悶え苦しんでいる加代子さんをその場に残し、A子たちは去って行った。

その去って行く途中、A子たちは笑いながら恐ろしいことを口にしていた。

「次は男どもに襲わせようぜ」「楽しい夏休みになりそうだな」

その言葉を聞いた加代子さんは、目の前が真っ暗になっていくのを感じた。

加代子さんは息を切らし、足を引きずりながらもなんとか帰宅した。

母親は仕事からまだ帰っていなかった。

アパートのドアを開け、暗い部屋の電気をつけたところで彼女は力尽きた。

自分の部屋へ行く気力もなく、ダイニングキッチンの床に倒れ込む。

明日、一万円を持っていかなければ襲われてしまう……。

もうこの歳になれば、男に襲わせるという意味も分かっていた。

あのA子のことだ、冗談で言っていた訳ではないだろう。

でも、明日までに一万円なんて到底用意できる訳がない。母の財布から盗んで渡しても次から次へと要求されるにちがいない。うちにはそんなにお金はない。

そして助けてくれる人も、いない。

お金を渡せなくなったら、いずれ……。

考えれば考えるほど、深い絶望感に襲われた。涙がとめどもなく流れ、いっそこのまま死にたいという衝動を必死に抑えていると、太ももがじんじんと痛むことに気が付いた。

太ももの内側を見ると、白い肌に丸く真っ赤に盛り上がった水ぶくれが一直線に並んでいた。

加代子さん曰く、その火傷《やけど》は奴隷に付けられた焼き印のように見えたとのこと。

「それを見た私は、何もかも嫌になったんです。一生、自分はA子の言いなりにならないといけないのかと」

投げやりになった彼女は風呂場へと向かった。

そして制服を脱ぐこともしないでスカートだけを捲り、そのままシャワーから出る冷水を太ももにかけた。

もう嫌だ。消えろ、消えろ、消えろ、消えろ、消えろ。

念じながら冷たい水を幾らかけても火傷は消えるはずもなく、いつしか頭に浮かぶ〈消えろ〉という言葉は〈消えたい〉に変わっていった。

鏡に映る白い肌に栗色の髪の毛。

母からは誇れと言われていたが、この容姿のせいで私はA子の奴隷になった。

これから犯され続け、場合によっては客も取らされるかもしれない。

この姿に生まれなければと、声を出しておいおいと泣いた。

その刹那。

ガラッと風呂場のドアが開いた。

母だった。制服姿のまま水を浴びている娘を見て、驚いている母の姿があった。

「加代子っ」

その後、加代子さんは母親と病院へ向かった。

幸いにも火傷以外の怪我は軽傷で、入院せずに済んだ。

処置が終わり、加代子さんは帰りのタクシーの中で、今までA子からされたことを洗いざらいぶちまけた。

A子を殺したいくらい憎んでいること。A子だけではなく自分を拒絶した親友も、見て見ぬ振りをしている担任も死ねばいいと思っていること。それらを毎日ノートに綴り、鬱憤を晴らしていたこと。

今まではこうしてギリギリ自我を保っていたが、次はA子とつるんでいる男子に襲われてしまう。学校に行かなくても、あのA子なら男子を引き連れて家に来るかもしれない。

「もうやだっ、死にたい！」

ありのままを吐露しているうちに興奮したのか、運転手がいてもお構いなしに加代子さんは泣き叫んだ。

母親がどんなに「学校に言っても駄目なら警察に行く」「そんなことはさせない」と宥めても、植え付けられた恐怖心は消えなかった。消えないどころか、もし警察に通報した場合、後でどんな報復が待っているのか考えただけでも恐ろしい。

「お母さんが私を産んだせいよ！」

叫びながら、写真でしか覚えていない父の顔が頭に浮かんだ。

「私なんか、生まなきゃ良かったのに！」

もしも父が日本人だったら、父と母が結婚していなかったら、母が自分を堕《お》ろしていたら、こんな目には遭わなくて済んだのにと叫び続けた。

もう母から怒られても見捨てられてもいい。私は母が言う誇り高き強い人にはなれない――。

泣きじゃくり疲れた彼女は、ぐったりと背もたれにもたれかかった。
すると、黙って全てを聞いていた母親が加代子さんを引き寄せ、ぎゅっと抱きしめてくれた。

「――母さんが、いつも強い人になりなさいって言っていたから、相談できなかったんだね……ごめんね、ごめんね……」

虐めの件をおぼろげに疑っていた母親も、加代子さんがこれほど酷い目に遭っていたとは想像すらできていなかった。そして、親なのに早く気付いてあげられなかったことを、ぽろぽろと涙を流して悔いていたという。

その晩、加代子さんは久しぶりに母の部屋で蒲団を並べ眠りについた。
蒲団に入ってから、どのくらいの時間が経ったのか。

疲れていたこともあり泥のように眠っていたが、どこからともなく聞こえてくる衣擦れのような音に、半分目が覚めた状態になった。

とろとろと心地いい微睡《まどろみ》の中、薄目を開けて寝返りを打つと、母親の蒲団の上にこんもりとした人影が見えた。

母が起きたのか。トイレにでも行くのかな。

ボーッと何とはなしに眺めていると、母と思われる人影は先ほどから蒲団の上に座ったまま動かない。

寝ぼけまなこのまま、じっと見る。すると豆球の灯りの下、蒲団の上に母が座り、写真立てを手にして肩を震わせているのが分かった。

母が持っていたのは、父の写真が入っている写真立てであった。

その写真立ては母がとても大切にしているもので、四季折々の花と共に母の部屋の箪笥の上にいつも飾られていた。

嗚呼、母はまた悔いて泣いているんだ。

虐めに早く気付かなかったことを、父の写真に向かって謝っているんだ。私が「生まれてこなければ良かった」なんて、酷いことを言ったせいだ。

目に滲んだ涙を指で拭い、改めて母に視線を注いだ。

——ん。

母の口が微かに動いている。その動きに合わせて、囁くような声が聞こえてきた。

殺して、殺して、殺して、殺して、殺して、殺して、殺して、殺して。

耳を澄ますとそう聞こえた。加えて母は泣いてはいなかった。怒りで震えていたのだ。

般若のように鋭く吊り上がった眼で、父の写真に向かい〈殺して〉と呟いていた。

殺してって？——そう疑問に思った刹那、加代子さんのまぶたは重くなり、また深い眠りに落ちていった。

目が覚めると、もう正午を過ぎていた。母から夏休み明けまで学校を休むようにと言われていたので、つい寝すぎてしまった。

母も仕事を休んで看病してくれるとのことだったが、買い物にでも行っているのか家にはいなかった。

食欲もなく、火傷と打撲でまだ身体中が痛い。とにかく帰りを待とうとまた蒲団に入り直し、ぼんやりしていた。

ふと、夜中のことを思い出した。母の異常な行動のことである。まるで呪いをかけているような、不気味な光景だった。とはいえ、正しく生きることを心がけている母が、そんなことをするとは思えない。

あれはおそらく夢だったのだろう。自分がA子のことを憎むあまり、あんな夢を見てしまったのかもしれない。

A子からの虐め——母からは「もう心配しなくていい」と言われていたが、何も解決していない現実を考えると気が重くなってくる。

笑いながら話していた、「次は男どもに襲わせようぜ」というA子の言葉を思い出すと身がすくみ、身体が震え出した。

その時、玄関の扉が開く音がした。

母だと分かっているが、つい身構えてしまう。

和室の障子がガラっと開き、母が顔を覗かせた。

「……加代子」

和室に入ってくる母の顔が曇った。怯えていたことに気付いたのかもしれない。

「もう心配しなくて、大丈夫よっ」

「え、何が――」

言い終わらないうちに、母親が元気づけるような明るい口調で畳みかけてきた。

「母さん、学校に行って話をつけてきたから」

嘘だと思った。母親が娘を心配してついた優しい嘘。

例え母親が学校に乗り込んでA子や教師たちと話し合っても、一日で解決できるとは思えない。事なかれ主義で更にA子たちのことを恐れている教師が、虐めを箇単に認めるはずもないだろう。

しかし、人というものは、ほんのわずかな希望でも縋《すが》りたい時がある。もしかすると母の言っていたことは、本当なのかもしれない。

時間が経つにつれそう思うようになった彼女は、思い切って夕食の席で訊いてみた。

「ねえ、さっき話していた学校に行った話、本当なの？」

「当たり前でしょ。嘘ついてどうするのよ」母は笑顔で答えてくれた。それならばと、訊きたいことが山ほどあった彼女は矢継ぎ早に尋ねてみた。

「学校で話し合った時、先生とA子の他に誰がいたの？」

「私がA子にやられたこと、全部先生に話してきたの？」

「どうやってA子に虐めを止めるように説得したの？」

質問を投げかけるたび、母の顔は曇っていった。そして「もう終わったことだから」と口をつぐんでしまう。

「もう虐められないって確信したいのっ。お願いだから教えてよっ」イライラした彼女は、つい強めに言い放った。

するると母は押し黙り、箸を食卓に置いた。そして「世の中にはね、知らない方がいいこともあるの」と答えた。

人形のような無表情な顔。そしてその瞳には光がなかった。

いつもの母親ではない。

結局、学校に行ったかどうか分からず終いであったが、そんなことはどうでもよくなった。

訊いてはいけない、訊くべきではない——。

母の様子を見て彼女はそう直感したそうだ。


その直感が当たったと分かったのは翌日であった。

母親は朝から仕事に行き、家には加代子さんしかいなかった。

夕方、蒲団の中で本を読んでいると電話が鳴った。

電話の主は、意外にも縁を切られた親友であった。急な電話にびっくりした加代子さんが何も言えずにいると、親友はおずおずとこう切り出してきた。

「あのね、A子がね……」

A子の名前が出てきた。何を言うつもりだろう。加代子さんが固唾を呑んで先を待っていると、

「……昨日教室でね――」

飛び降りて死んじゃったよ、とのことだった。

親友の説明によれば、三時間目の国語の授業中での出来事だったという。

生徒たちが前から順番に教科書を音読《おんどく》している際、後ろからガタンッと大きな音がしたそうだ。親友が振り返ると、一番後ろの席に座っていたA子が立っていたという。

クラス全員そして教師も、突然立ち上がったA子に驚いている様子だった。

「それでね、みんなでA子に注目してたら急に歌い出したの」

「歌？」

A子は目を瞑り深呼吸したあと、高らかに歌い出した。彼女の歌声はまさに玄人はだしで、満ちては引く潮のように低音と高音を自在に繰り出していた。

親友は何という曲か分からなかったそうだが、まるでオペラで歌うような曲であったという。歌詞も日本語ではなかった。かといって、英語でもなさそうであった。またオペラのようだと言っても、その歌は決して優雅なものではなかった。鬼気迫るものがあり、何かを恐れている悲鳴にも聞こえたそうだ。

「なんか、世界の終わりのような歌じゃない」隣の席の子が親友に耳打ちしてきた。

確かに〈ノストラダムスの大予言〉に書いてあった、人類滅亡を連想させるような歌だと親友は思ったらしい。

初めは興味深く聴いていた親友も、次第に不気味さを感じるようになったという。

A子の歌は延々と続いた。止めないのかと教師の方をチラリと見ると、教師は興奮したような顔でA子を見ていた。

おそらく五分以上、歌っていたと思う。

A子が歌い終わると場はしばらく静まり返っていたが、教師が盛大な拍手を送ると、皆つられて拍手をしだした。

また、その教師は音楽的な素養があるのか、「レクイエム・怒りの日ですね」と、高揚した声でA子の歌っていた曲の名を教えてくれた。

「先生の説明だと教会のミサとかでもやる曲みたい。で、その曲は誰が作ったとか話していたんだけど――」

一瞬の出来事だった。

A子は教師が説明しているのにも拘らず急に歩き出した。そして窓を開けて窓枠を跨ぎ、躊躇なくそのまま飛び降りた。それが余りにも自然に行われたので、皆、何が起きたのかすぐには理解できなかった。少しの沈黙が続いたあと誰かの悲鳴が響き渡り、それを合図にクラス全員が一斉に騒ぎ出したという。

加代子さんたちのクラスは三階にあった。教師が急いで救急車を呼んだが、飛び降りたA子は助からなかったそうだ。

窓から下を覗いた男子の話によると、A子の身体は壊れた人形のように手足があらぬ方向に向いていたとのことだった。

「それ本当の話なの……」

「本当だよ。嘘じゃないから」

加代子さんは混乱したまま電話を切った。

A子がなぜそんなことをしたのか、誰も分かってないらしい。

警察も来てA子の取り巻きたちは話を訊かれているらしいが、皆揃って首を捻っているそうだ。

まことしやかに、「加代子を虐めていた呪いではないか」という酷い噂も広まっていると、親友は話してくれた。A子の一連の行動は、さながらマリオネットのように加代子さんが操っていたのではないかと、A子の取り巻きたちも怖がり出しているらしい。

電話を切る際に親友が「取り巻きも怖がっているから、もう虐められないと思うよ」と呑気に話していたが、加代子さんにとってはそれどころではなかった。

嫌な予感がしたのだ。親友からこの話を聞かされている間、一昨日見た夢を思い出したからだ。

母が父の写真に向かい「殺して」と囁いていた夢。あたかも呪いをかけているようだった。あれは夢じゃなかったのか……。いや、もし、夢でなかったとしても呪いなんかこの世にあるはずがない。そう思いたい。

でも、先程聞いたA子の尋常ではない死を考えると、呪いとしか思えないのも事実だ。

そして母親はあの日、学校に行ったのだろうか。親友の話によればA子が自殺したのは三時間目という話だった。仮に母が学校に行っていたとしたら、A子が飛び降りた時間とかぶっていたはずだ――。

電話の前で動けないまま様々な考えが頭を巡っていた。

その時、ふと背後に人の気配がした。反射的に振り返ると、いつの間に帰ってきたのか、柔和な笑みを浮かべた母が立っていた。


「その時の母が、とても怖くて。だから、母には何も訊けませんでした。A子が自殺した件も話題に出せなかったんです」

世の中には知らない方がいいこともある。母が言っていたこの言葉の意味は、呪いをかけたということだったのではないか。

彼女はふと、誰もいない時に母の部屋を覗いたことがある。

箪笥の上にいつも花と一緒に飾られていた写真立ては、いつの間にかなくなっていた。

あんなに大切にしていた父の写真を、母はどこかにやってしまったのだ。

あの夜、父の写真に〈殺して〉と頼んでいた母。確信はないが、呪いに使われたものなら母が処分したのかもしれないと、加代子さんは考えている。

「母はもう亡くなってます。私が結婚してから亡くなったんです。仕事中に倒れて、突然死でした。だから事の真相を知る術はもうないんです」


母親が呪いをかけてA子を葬った。それが事実なら、娘である加代子さんはどう感じてるのか。A子が自殺してからの親子関係はどうだったのか——。

訊きづらいことではあるが、どうしても気になった私は思い切って尋ねてみた。

「A子が自殺してから、虐めは本当になくなりました。平和な日常が戻ったんです。そのこともあって、一瞬でも母を怖いと感じた自分を恥じました。だから母が亡くなるまで、いや、亡くなった今でも感謝しています。父のことは写真でしか記憶にありませんが、あの二人の子供に生まれて私は幸せでした」

加代子さんが最後にそう語ってくれた言葉が、私にとって唯一の救いとなった。

金木犀

「私を含む家族の名前や家の場所、誰にも特定できないように書いていただけますか」

と、何度も念押しされて私はその度に肯いた。

美乃里《みのり》さんは安心したのか、とても奇妙で残酷で物悲しい体験を私に語ってくれた。

「私はその時期、主人の両親と同居しておりました」

桜の開花を間近に控えた、春分の頃。ある晴れた日の午前中のことだった。

美乃里さんが洗濯物を干そうと庭に出ると、義父が塀沿いに穴を掘っていた。

義父の周りにはいつの間に取り寄せたのか、金木犀《きんもくせい》の苗木が沢山置いてある。

その苗木にはすでに黄色い蕾がぽつぽつと芽吹いている状態で、近寄るとほのかにいい香りがした。

「お義父さん、それ全部植えるんですか？」

「ああ、そうだよ。玄関の入り口にも植えるつもりだ」

玄関先にも。急にどうして。

不思議に思った彼女が、なぜ金木犀ばかり植えるのか訊いたところ、

「金木犀の匂いはな、悪いモノを寄せ付けないんだ」と笑って言い、いまいち要領を得なかった。

義父は家族の誰にも金木犀を植えることを話していなかったようで、義母も美乃里さんの夫も呆れていた。

「あんなに沢山植えてどうするのよ。手入れも大変そうだし。私は一切手伝いませんからね」

「そうだよ。それに金木犀って香水みたいに匂いが強いだろ。あんなに植えたら鼻

が曲がっちゃうよ」

夫は元々香水の香りが苦手だった。そのため夫婦でデパートに買い物に行っても、一階にある化粧品売り場には決して長居はしなかった。

義母や夫が口々に文句を言っても、やはり義父は「まあまあ、あれは俺が冥途に行く前の置き土産だから。俺が死んだあとも大事にしてくれよ」と悪い冗談を言うばかりで、なぜ金木犀を沢山植えるのかは言わなかった。

ただ、突如始まった義父の奇行はこれだけではなかった。

義父が全ての金木犀を植え終えた日の深夜。

夜中に目が覚めた美乃里さんは喉の渇きを覚え、台所へ向かった。

台所に行く途中、廊下を歩いていると少し開いていた仏間の襖から灯りが漏れているのが見えた。

誰か起きているのかと覗いてみると、義父が仏壇に手を合わせ小声で話しかけている。

聞き耳を立てると「赦してくれえ、赦してくれえ、約束は必ず果たす」と、しきりに謝っていた。

いつもの陽気な義父とは違い、まるで別人のようだった。

こんな真夜中に何をしているのかと疑問が湧いたが、声をかけられる雰囲気ではなかった。

美乃里さんは心配ではあったが、自分が見ていたと分かったら義父が気を悪くするかもと思い、音を立てずにその場から離れたという。

次の日、義父は普段通りに振る舞っていた。

特に落ち込んでいる様子もなく、美乃里さんは安心していた。

そうほっとしたのもつかの間、夕食を食べ終わったあと、義母が相談したいことがあると詰め寄ってきた。

義母も昨晩の義父の奇行を知っていたのだ。

しかも義父が仏壇に手を合わせ「赦してくれえ、赦してくれえ、約束は必ず果たす」と謝っていたのは、ここ最近ずっと続いていたという。

「真夜中に仏壇に謝ってるかと思えば、今度は金木犀でしょ。あの人、おかしくなっちゃったのかしら。私が夜中に何をしてるのか訊いても、ご先祖様に手を合わせてるだけだって、笑って誤魔化すし。もしかしたら認知症じゃないかって心配してるのよ」

義母はそう愚痴るように言うと、ため息をついた。

「昼間は普通に過ごしてますし、認知症ではないと思いますよ」

それでも義母が悩んでいるようなので、美乃里さんは今までの義父の発言や行動を考え、素人なりに推理を試みた。

「金木犀を植えてる時に、金木犀の匂いは悪いモノを寄せ付けないって言ってました。そして、仏壇に向かって赦してくれと謝ってるということは……」

「なんか、ご先祖様に悪い事でもしたのかねえ、あの人」

「お義母さんは、お義父さんの若い頃のこと何か知ってます？　その、言いにくいんですけど……昔は素行が悪かったとか？」

「いや、聞いたことないねえ。私と祝言を挙げてからすぐに出征《しゅっせい》して、日本に戻ってからは真面目に働いてたし。親戚からの評判も悪くはないわ。訳の分からないことをしている、今の方が悪いくらいよ」

義母は冗談を言うとガハハと笑い、「まあ、私が心配し過ぎてるだけなのかもね」と去っていった。

それにしても、毎晩仏壇に向かって謝っていたとは――。

金木犀のことといい、やはり心配である。

美乃里さんはそれ以来、義父のことを気にするようになり何かと注視していたが、何も分からないまま時は過ぎていったという。

それから約一年半後、美乃里さん夫婦に待望の赤ちゃんが生まれた。

結婚してから五年が過ぎても妊娠の兆候すらなく半ば諦めていたが、彼女は玉のような男児を産んだ。

元々、美乃里さんの嫁ぎ先の義両親は二人共明るく楽しい人たちで、嫁である美乃里さんのことも良くしてくれていた。

そのため、子供がいなくとも寂しい思いはしていなかったが、可愛いさかりの赤子は家の中を一層賑やかにしてくれる存在で、家族みんな幸せな日々を送っていた。

特に義父は目の中に入れても痛くないほど、孫を溺愛していたという。

その義父が、突然死んだ。仏間で割腹自殺を遂げたのだ。

畳には血の海が出来ていた。余程もがき苦しんだのだろう。その血の海の先には、襖に向かって這いずって行った跡や、赤い手形がそこかしこに付いていた。

そして小さな文机の上には、『やくそくは　はたした』と書かれた一枚の便箋が残されていた。

最初に発見した義母はとにかく狼狽えていた。

落ち着いた頃に、義母はぽつぽつと話し出した。

昨晩、義父は急に「今夜は仏間で寝る」と言い出した。

腰が悪い義母は「布団は、自分で持って行ってくださいよ」とだけ伝え、先に床についたという。

そして今朝、起きてこない義父を呼びに行き、血だまりの中で倒れている姿を発見したのだ。

あんなに孫を可愛がっていたのに、どうして。

あんなに毎日笑って過ごしていたのに、なぜ。

家族だけではなく親戚も義父の知り合いも、皆首をひねり悲しんでいた。

それから迎えた義父の葬儀でのこと。

参列者のなかに、戦時中義父と同じ部隊に所属していた人がいた。

その男性は東村《ひがしむら》と名乗り、どうしても伝えたいことがあるとのことで、後日家まで訪ねてきた。

東村さんが今日ここに来た理由は、どうやら義父の自殺の件らしかった。

なぜ、義父が自殺をしたのか。

遺書に書いてあった〈やくそくは　はたした〉という謎の言葉は何なのか、それらの理由を是が非でも訊きたかった義母は、すぐに東村さんを客間に通した。

お茶と茶菓子を出し、どうぞ、と言いかけた言葉が終わらぬうちに東村さんは涙を流し始めた。

「すみません。あの頃のことをつい、思い出してしまいました」

彼はハンカチで目頭を拭うと、おもむろに話し出した。

「私たちは軍からの急な指令に従いそれまで戦っていた戦地から、フィリピンのとある島に上陸しました――」

元々、その島では海軍と海軍航空隊により戦闘する方針であった。当初日本軍は自国が大勝すると考えていた。ところが米軍が優勢であったため遂にその島に上陸を許した。陸軍の部隊に所属していた義父と東村さんの部隊は、上陸した米軍を撃退するために送られたのだ。

が、送り込まれた義父たち陸軍の部隊全員が、食料や武器などの物資の量、兵士の数も米軍が圧倒していることを知らされていなかった。米軍との交戦では多くの日本兵が戦死し、また食料も底を尽いていた。

「私たちの部隊も多くの仲間が戦死しました。衛生兵もやられ、武器も食料もほぼない。上官からは米軍に捕まるくらいなら自決しろと、手りゅう弾を手渡されました。でも同じ部隊に松元《まつもと》という男がいましてね。皆が自決しようと諦めかけていた時でも、何としても生き残ろうとした男だったんですよ。母親思いで優しく、真っすぐないい奴でね。母ひとり子ひとりで育ったせいか、年老いた母親のために絶対に生きて帰ると固く誓ったんだそうです。あの時代はお国のために死ぬことが名誉でしたからね。あいつは上官から目を付けられていました」

手りゅう弾の受け取りを拒否し、必ず生きて帰ると堂々と発言する松元は、上官から様々な罰則を与えられた。

「罰則と言う名の暴行ですよ。松元をストレス発散の道具にしていた。本当に嫌な野郎でした」

そんななかでも、松元と義父は部隊の中で一番仲が良かった。少ない食料を分け合い、助け合って生き抜いてきた。

それからしばらくして、米軍によりたくさんの部隊が壊滅に追い込まれるなか、義父のいた部隊も義父と東村さんを入れて、とうとう四人だけになってしまった。

「あとの二人は犬猿の仲だった松元と上官です」

米兵の銃弾が飛び交うなか、四人はジャングルの中で逃げまどっていた。

食料も水もなくなり雑草を食べ、泥水を飲んでしのいでいた。

「みんなガリガリに痩せて歩くのもふらつく状態でした。それなのに上官は背嚢《はいのう》の中に、食料と水を隠し持ってたんです。ただでさえ少ない軍部からの配給品を、上官の権限を使って盗んでいたんだと思います」

上官以外の三人は烈火の如く怒りだした。もうここまでくると階級などどうでもよくなる。上官だけを置き去りにして、荷物だけを奪って逃げようとする案も出ていた。

けれども松元の反対もあり、三人は上官が隠し持っていた食料をだけを奪った。

「お前ら、何をする!」

「安心してください。四人で平等に分けますから」

松元に食料の管理を全て任せた。松元なら平等に分けると信頼していたからだ。

だが、それが間違いの元だったのかもしれない。

「平等に分けるといっても背嚢の中には、一人用の一週間分の食料しか入ってなかったんです。多めに食べるとすぐになくなります。だから、毎食ほんの少ししか食べられないんです。そうなるとやっぱり泥水や草、昆虫やネズミみたいな野生動物を捕まえて腹を満たすしかない」

ここまでしても自決をしなかったのは、日本軍が必ず援軍を寄越してくれると信じていたからだ。援軍がくれば新しい武器も食料も手に入る。そうすれば米兵の奴らに一矢報いることができる。だから何としてでも生き延びねばならなかった。

腹を壊し、動けなくなっても米兵が乱射する自動小銃の音が近づいてくると、逃げるしかない。毎日、死の危険にさらされ、その上餓死寸前まで追い込まれる。ジャングルの中には米兵に撃たれた仲間の死体がごろごろ転がり、手りゅう弾で自決したのか、人の手足があちこちの木に引っかかっていた。そして島の気温は高く、遺体はすぐに腐乱する。

その惨状を目にすると、次は自分の番だという不安が押し寄せてくるのだ。

「そういう極限状態にずっといると、人間は正常な判断ができなくなるんです」

ある晩、ちょうどいい洞穴を見つけ、そこで四人は眠りについた。

どれぐらいの時間が経っていたのか分からないが、一発の銃声が聞こえてきた。

義父たちはすぐに飛び起きた。真っ暗闇の中、小声で各々《おのおの》の名前を呼ぶと、松元と上官の二人がいなかった。

「嫌な予感がした私たちは、外に出てみたんです」

月明かりの下、こちらに背を向けてしゃがんでいる人影が見えた。

そして、くちゃくちゃくちゃくちゃくちゃと、食べ物を咀嚼している音がした。

初めは上官かと思った。

が、次第に暗闇に目が慣れてくると、違うと分かった。

松元だった。

松元は背嚢に入っていた食料を全部ぶちまけ、くちゃくちゃと夢中で食べ散らかしていた。

「おい、松元。お前何やってんだよっ」

義父がそう声をかけると、松元はゆっくりと振り返った。

口の周りには食べ物のカスが、たくさん付いている。

「あいつが背嚢を取って逃げようとしてたからさ、殺しちゃった」

松元が顎でしゃくった方向を見ると、上官が倒れていた。先ほどの銃声は、上官を撃った時の音だろう。

「お前、まだ銃弾持ってたのかよ！」

前述の通り、この時の戦いでは武器などの物資も不足していた。すでに銃弾が切れている兵士も多かったのだ。

「どうしちまったんだよ、松元！」

二人が驚いていると松元は、銃口をこちらに向けてきた。

「俺、何が何でも生きて帰るって言ったよな」

そう笑いながら話す彼の姿は、もはや別人であった。

「それから、私たち二人は松元の奴隷のようになって働かされたんです」

仕事は主に食料と水を探すことだった。しかも、食べられる物を持って帰っても、ほとんど松元が食べてしまっていた。

「私たちは松元の隙を見て、襲おうと計画しました。あいつの銃さえこちらの手に入れば、もう言うことを聞かなくてすみますから」

松元は用心深かった。

寝る時も洞穴の中に蔓でトラップを作り、二人が近づいてもすぐ分かるように仕掛けていた。


「あの、それって……もしかして、うちの主人が——」

ここまで聞いて、義母はもう全てを理解したのだろう。

東村さんは静かに頷いた。

義父は松元という男性を殺したのだ。

義母はかなりのショックを受けたようで、その場に倒れてしまった。

「義母が倒れてしまったのでそれ以上のことは、東村さんも話しませんでした。ただ、義父の自殺の原因は間違って松元を殺めたことだと、東村さんは帰り際こっそり私に教えてくれました。義父はずっと誰にも言わず、隠してたんですよね……いつも明るくて面白い人だったから、そんな壮絶な過去があったなんて、未だにちょっと信じられないんです。でも、本当にあったことなんですよね……だから義父はずっと赦してくれって……銃を奪おうとして誤って殺してしまった義父は長い間、後悔してたんでしょうね。だから、約束を果たしたって言葉を残したんじゃないかなって思うんです。あの松元って男の人の息の根が止まる前に、自分もいずれ逝くから赦してほしいと伝えたんじゃないでしょうか。まあ、東村さんから最後まで聞くことができなかったので、憶測ですが」

義父が亡くなってから四十九日が過ぎた頃。

ある晩、美乃里さんが寝ていると、とても耳障りな音が聞こえてきた。

ギィーギィー、キーキーと、まるで下手なヴァイオリンを弾いてるかのような音だった。かなりうるさく聞こえていたが、隣で横になっていた彼女の夫は全く気付かず寝ていたそうだ。しばらく続いていたが、そのうち止まったらしい。

そして次の日の朝、会社に出かけた夫が慌てて戻ってきた。

「うちの塀、誰かがいたずらしたみたいだ」と、言うので美乃里さんも見に行ってみた。

塀には誰かが引っ掻いたようなキズが、あちらこちらに付いていた。

夫は十円玉か何かで引っ掻いたに違いないと話していたが、美乃里さんは違うと思っている。

きっと金木犀の香りにやられた松元の霊が入れないからと、悔しがって爪を立てたに違いないと考えているそうだ。

「あと、義父がずっと守ってくれてるって、思う時があるんです」

義母も亡くなり、美乃里さん夫婦はマンションに引っ越した。

そこのマンションには金木犀は植えていない。

でもときどき、玄関先や部屋の中に金木犀の花が落ちているそうだ。

狂うアパート

幸子《さちこ》さんの父親は酒乱であった。

彼女が幼少の頃から毎晩飲み歩き、飲み屋での喧嘩や家庭内での暴力が絶えなかった。

酔っぱらった時の父は、外で喧嘩をしなければ上機嫌で帰宅する。マンションの部屋のドアを開ける前から大きな声で歌を歌っているので、父がエレベーターを降りた瞬間から帰ってきたのがすぐ分かる。

ドアを開けて入ってくれば「ご主人さまのお帰りだあああ！」と深夜であろうと大声で叫ぶ。

更には、

「水持ってこい！」

「飯はねえのか？」

と続き、母が一言「近所迷惑になるから」と、どんなに優しい口調でやんわり制しても、「何だと、ごらあ！　ふざけてんのか！」とテーブルや椅子をひっくり返して暴れ出す。そのため、部屋の壁にはあちこち穴が空き、家具や食器類など新調してもすぐに壊れていた。

父親の怒鳴り声と暴れて物を破壊する音に、驚いた住民からの通報で警察が来ることも度々あった。

母にも頻繁に手を上げ、子供の頃の幸子さんの記憶の中の母は、いつも青痣や生傷が絶えない痛々しい姿であった。

幸子さんと三つ上の彼女の姉はそんな父に恐怖を覚え、父親の帰宅が分かった時点ですぐに押入れの中に入り、息をひそめて隠れていた。

母親はそんな生活に耐え兼ね、幸子さんが六歳の時に離婚し、元夫が追いかけてこないようにと、子供たちを連れて縁もゆかりもない土地に逃げるように引っ越した。

引っ越し先はとても古くて安普請のアパートで、住んでいる住民もとてもマナーがいいとは言い難い人たちであった。

けれども、もうあの父親と暮らさなくていいと考えるだけで、幸子さんにとっては天国のようなところに思えた。

母からは「これからは、お母さんが働きに出ないと行けないの。家にいる時間も少なくなるし、苦労をかけるかもしれない」と、言われていた。

幸子さんと姉はそんな母のためにも、率先して家事をやっていたという。

引っ越してから約二か月が経ち、新しい生活にも次第に慣れてきた。

ただ、このアパートに引っ越してから、母の態度は少しずつ変わっていった。以前は酒など一滴も飲まなかったのに、酔って帰ってくることが多くなった。飲み歩いているうちに、服装は派手になり言葉使いも悪くなっていく。まだ子供である幸子さんと姉に、仕事の愚痴を延々と語って聞かせては辛いと泣き喚き、「あんたたちさえいなければっ」と、突然、狂ったように怒り出すことが増えてきた。

幸子さんと姉はこの母の変りように戸惑っていたが、母親も慣れない仕事で大変なのだろうと、良い方へ考えるようにしていたそうだ。

仕事に慣れてくれれば、以前のような優しい母親に戻ってくれるはず。そう二人は期待していたが、母の様子は日を追うごとに悪くなっていった。

疲れている母に少しでも休んでもらおうと夕飯を作れば、マズイと罵られゴミ箱に全て捨てられる。

家事の仕方が下手だと、何発も拳骨《げんこつ》を食らうこともあった。

テストの点が悪ければ、「馬鹿なんだから、もう勉強するな」と教科書を破られた。そんな母の情緒は次第に不安定になり、暴力を振るったあとは「自分は悪い母親だ」「駄目だ駄目だ、駄目な母親だ」と、おいおい声を出して泣き叫ぶようになった。そして、子供たちが泣いている母親を慰めないことが分かると、すぐに逆上した。

幸子さんたちがそんな生活に疲れ果てていた頃、母親は「彼氏ができた」と嬉しそうに男を部屋に連れてきた。やがてその男は週に何度も来るようになり、その度に幸子さんと姉は、無一文で外に放り出された。

それでも、家に居るよりはましだった。この頃の二人は学校からの帰宅を躊躇するようになり、公園や図書館などで時間をつぶすことが多くなっていた。

ある日の夜、母親がまた家に男を連れ込んできた。

姉と二人であてもなく商店街を歩いていると、姉がいきなり横を向いたまま立ち止まった。

姉の視線の先を追うと、店と店の間に細い長い路地があった。

「ねえ、こんなところに路地なんてあったっけ？」姉は虚ろな目で近寄ると、暗い路地の奥までじっと観察しているかのように、その場から動かなくなった。

お姉ちゃんは、何見てるんだろう。野良猫でもいるのかな。

そう思った幸子さんも覗いてみると、遠くの方に白い球体のようなモノが浮かんでいた。

「風船かな？」幸子さんがそう訊くと、姉は首を横に振った。

「違う。あれ、女の人だよ」

え。

暗さに目が慣れてくる。

すると、丸い風船のような球体は、徐々に立体感を出してきた。

球体の上、真ん中、下。それぞれの部分が突出し、それらは目と鼻と口だということが分かった。

「何、あれ……」

まるで女の人の顔が、顔だけの部分が宙に浮いているように見えた。

「あの人、お母さんに似てるね」

「何言ってるの、お姉ちゃんっ」

姉は変だった。

どう対応していいか分からずにいると、姉が路地に入ろうとした。

「ちょっと、止めてよ。あれ、絶対お化けだよ」

「でもあの女の人、手招きしてうちらを呼んでるよ」

姉は先ほどからボーッとして、何を言っているのかさっぱり分からない。

胸がざわついた幸子さんはとにかく姉の手を引っ張り、その場から逃げるように離れていった。

まだ家には母親の彼氏がいるだろう。帰りたくなかった幸子さんは、とりあえずいつもの公園に向かった。

やることもないので、姉と二人でベンチに座る。先ほどから姉は心ここにあらずといった感じで、ボーッとしたままだった。

幸子さんからしてみると今の姉は、ついさっき見たお化けより不気味に感じた。

「あのさ……」

姉が急に話しかけてきた。

幸子さんはドギマギしながらも「うん」と返事をすると、

「ねえ、お母さんってさ、要らないよね」

と、言ってきた。

「あんなお母さん、いっそのこと捨てたいよね」

「……うん」

姉の言うことは痛いほど分かった。ここ最近の幸子さんは母のせいで、ずっと「死にたい」と願っていたからだ。

いや、母だけではなく酒乱だった父のせいでもある。

今まで生きてきて良いことなど一つもなかった。

もし自分が死んだら、殴られて頭にこぶができることも、お腹を蹴られて痛い思いをすることもない――。

幸子さんは六歳にして、すでに希死念慮に苛まれていたのだ。でも、怖くて死ぬこともできなかった。


そのあとは姉とたわいもない話をして、時間を潰していたと思う。

部屋に帰ると母親と男は、どこかに出かけたのかいなかった。


それから数日が経った頃。

夜中にふと、目を覚ました幸子さんは、隣に寝ているはずの姉がいないことに気がついた。

トイレかな、とも思ったが、狭いアパートの部屋の中は物音ひとつしていない。

母親が夜中にいないのはいつものことだが、姉はどこに行ったのだろうか。

まさか、家出したとか。

心配になった幸子さんは部屋を出て、アパート周辺を探してみた。

そしていつもの公園にも探しに行こうとした時、通りの向こうから歩いてくる姉と母の姿が見えた。

二人は意外なことに、笑いながら仲良さそうに話をしている。

今日の母親は、機嫌が良いのだろうか――。

「お姉ちゃんっ」

話に夢中になっていた二人は幸子さんに気付いた。

そして二人して、嬉しそうにこちらに駆け寄ってきたのだ。

「ごめん、心配した？　ちょっとお腹が減っちゃってさ。コンビニ行ってたの」

姉は笑いながら、片手に持っていたコンビニのビニール袋を持ち上げて見せた。

コンビニって……。

母は必要最低限のお金しかくれない人だ。毎月決まったお小遣いなどなく、晩御飯も「菓子パンでいいでしょ」と、五百円玉を渡されるだけだった。

遊びに使うお金もおやつ代も最近はもらったことがない。それは姉も一緒のはずだが……。

「コンビニで偶然会ってね。買ってあげたの。幸子の分のおやつもあるわよ」

母親は彼女の心を見透かしたように、そう話してきた。

あの夜から母は人が変わったように優しくなった。まるで、離婚前の母親に戻ったかのようだった。

家事はするし暴力も振るわない。夜、飲みに行かなくなったし、男も家に来なくなった。情緒も安定してきたのか、愚痴も言わないし泣き喚くこともなくなった。

本来であれば、これは喜ぶべきことなのかもしれない。

けれども、幸子さんの胸中は穏やかではなかった。

いきなり変わった母親の態度に困惑しているのもあるが、嫌な予感もしていた。


あの日、路地にいた女のお化け。

それを見た姉は母に似ていると言っていた。

それだけじゃない、お化けの方に行こうとしていた。

それが今の母親とどう繋がるかは分からなかったが、何となく胸騒ぎがするのだ。

「ねえ、お姉ちゃん。お母さんってどうして変わったのかなあ」

彼女は部屋で、テレビを見ている姉に訊いてみた。

「うーん、分かんない。反省でもしたんじゃない？」

姉はテレビの画面を見たまま、適当に返事を返していた。

「でも、いきなり変わるっておかしいよね。なんか別人みたいでさ……」

そう話すと、姉はリモコンでテレビのスイッチを切り、こちらを見てきた。

「優しくなったんだから、何でもいいじゃん。お母さんが変わってなかったら、うちらはまだ、殴られてたんだよ」

滅茶苦茶暴力を振るっていたあの母親の方がいいの？　と姉から訊かれ、幸子さんは黙ってしまった。

たしかに、姉の言う通りだと思ったからだ。


しばらくして、幸子さんが本を買いに出かけた時のこと。

夕方、商店街にある店を色々見ながら歩いていると、例の路地が目に入った。

あの顔だけのお化け、まだいるのかな――。

お化けがいたら怖いが、今はまだ夜ではない。夜でなければお化けは出ないと信じていた彼女は、好奇心を抑えることができなかった。

覗いてみると、その細長い路地は陽が差さないせいか薄暗かった。

じっと奥の方を見つめていると、あの時と同じ白い球体が浮かんできた。

夜じゃなくてもお化けが出ることに驚いた幸子さんであったが、ドキドキしながらもその白い球体を見ていた。

球体はあの時と同じように、次第に立体感を出してきた。

球体の上、真ん中、下。

それぞれの部分が突出し、目と鼻と口が浮き上がってきた。

あ。

出来上がった顔は、母親の顔だった。

母親の顔は目に涙をためていた。

そして、次は何もない空間の下の方から、片方の白い腕がにゅっと出てきた。

その腕はあたかも助けを求めているかのように、幸子さんに向かって弱弱しく伸びていた。

あれはお母さんだ。本物の。

血の繋がりがそう告げているのか、幸子さんには分かったそうだ。

だが、彼女は何もせずに、その場から立ち去った。


「それから何年か経って、私が確か小学六年生になった頃だったと思います。母が契約社員から正社員になってお給料が上がったんです。で、あの古いアパートからマンションに引っ越すことになったんですよ」

荷物をトラックに運び終え、大家さんに最後の挨拶に行った時の話だ。

「お姉ちゃんと二人で、菓子折りを持って〝お世話になりました〟って挨拶したんです。そしたら大家さんが――」

目を潤ませながら、「良かったね、ここから出られて」と、嬉しそうに言ってきたそうだ。

それが出ていく者に向けての嫌味でないことは、すぐに幸子さんにも姉にも分かった。

疑問に思った二人が訊いてみると、大家さんはこう話してくれたという。

「不思議なんだけどね、みんなここに住みだすと、生活が荒れていくのよ。祖父の代からずっとそうなの。幸せそうな夫婦が、急に喧嘩をし出して離婚したりね。ギャンブルにハマって夜逃げした人もいたわ。私、あなたたちが引っ越してきた時も、心配してたのよ。でも、途中から仲良くなったみたいでほっとしてたの」

この話を聞いた幸子さんは、なるほどと思った。

最初に引っ越してきた時から、ここの住民はガラの悪い人が多いと、子供ながらに感じていたからだ。

どうやら、このアパートには人を狂わす何かがあるようだ。

ただそれは、この建物自体に何かあるのか、もしくは土地に因縁があるのか、どちらか分かっていないそうだ。

ただどちらにしろ、幸子さんの〈本当の母親〉も、狂わされた犠牲者の一人ということになる。

そのことは幸子さんも重々承知している。

でも――。

今の彼女は、偽物の母親との絆が深まったため、このままでいい、実の母親を見捨てたままでいいと、考えている。

どうか幸子さんのことを冷たい人だと思わないでほしい。

確かに彼女は、実の母をくだんの路地で認めた時、何もせずに離れていった。けれどもその後、このままあの路地の母を見捨てたままでいいのか、と何度も自問自答を繰り返したという。

幼少期から父や母に虐待を受け続け、常に「死にたい」という想いに駆られていた幸子さん。その彼女が、実の母親をどうするか、散々悩み抜き、もがいたあとで出した答えなのだから。

あとがき

私は医師からもお墨付きをもらっているアダルト・チルドレン（ここからは略してＡＣと記載させていただく）である。

最終話「狂うアパート」の幸子さんは、私と同じＡＣ自助グループに入会している。彼女も彼女の姉も両親から壮絶な虐待を受けて育ってきた。父親からの暴力行為は怪異と深い関係があった訳ではなく、また彼女からも詳細は書かないで欲しいと依頼があったためだいぶ省かせて頂いたが、聞くに堪えない辛すぎる内容であった。

彼女の話を綴る際、私が一番恐れたことは、彼女が『実の母を見捨てた冷たい人』だと誤解されることだった。そのため蛇足ではあったが、話の最後に彼女を誤解しないで欲しい旨を書いた。恐怖や厭な話を求めている方々には、余計なことと思われるかもしれない。他の怪談作家の先生も書かない方のほうが多いと思う。

でも、私は敢えて書いた。

彼女の苦しみが痛いほど理解できるのもあるが、私も同じような経験をしたからだ。拙著を続けて読んで頂いている読者の方々はすでにご存じだと思うが、私を虐待していた母は、私が小学三年生の頃に家を出てしまった。今まではっきりと説明してこなかったが、父との話し合いで家を出たのではなくいきなり失踪したのだ。

当時、私は祖父母と同居していた。あの日の朝、目が覚めた私がリビングに行くと、家の中は騒然としていた。家族は皆、深刻な顔で話しており私の耳には「母が早朝からいない」との会話が聞こえてきていた。まだ子供であったためその時は、親に詳しく訊くことができなかった。学校では『どうせ、散歩にでも出かけていたのだろう』と、高を括っていた。そして『今日もまた帰ったら、怒鳴られたり殴られたりするのか』と暗澹たる気持ちでいたのだ。学校から帰宅すると、珍しく祖母が待ち構えていた。それから私に『母が失踪したこと』を話してきた。その時の祖母は、とても言いづらそうに説明していた。多分、私が悲しむと思っていたのだろう。だが、母の失踪を知った当時の私は、『もう殴られることはないんだ』と、心の中で喜んでいたのだ。父たちが母の捜索願いを出した時も、『どうか見つかりませんように』と、密かに祈っていた。

それから時が経ち、母に対する恐怖心が薄れていった頃、私は『自分はもしかすると最低な人間なのかもしれない』と思い始めていた。日本は儒教思想の影響を多分に受けているため、親孝行することが美徳となっている。同級生たちを見てもみんな母親と仲が良く、そして大切に思っていた。それに比べて私は……と、思い悩んだ時期が長かった。でも、もし母が戻ってきたとしても母を思いやる自信もなく、また虐待されるのではないかという恐怖も拭えなかった。

幸子さんと同じように悩み苦しんだのだ。

だから私は彼女が誤解されないように敢えて綴った。

私は怪談を蒐集しているうちに怪異に遭遇している人の中には、幸子さんのように子供時代から辛い思いを積み重ねた人、または戦争体験者のように悲しい死に直面した人が多いように感じてきた。勿論、不運にも偶然遭遇してしまう人も多くいらっしゃる。

けれども私はこれからも、悩み苦しみ悲しんでこられた方の怪異を中心に書いていこうと思う。これは私の作家としての永遠のテーマであり、私を含めて日の当たらない場所にいた人たちの怪異を含めた人生を書くことによって、その方たちの負の感情が浄化できるのならそれに越したことはない。

また、いつも他人様の怪異ばかりを書いているので、もし今度機会があれば私が体験した怪異、そして私の一族の呪われた話を書いてみたいと考えている。正確には呪われているような、だが。でもそこにも異常と思われる現象があったのだ。

最後に、取材をさせて頂いた皆様、私が苦しんでいる時に常に励ましてくれた竹書房のO様に、心から感謝を申し上げます。

そして多くの怪談本の中から、この本を選んで頂いた読者の方々にも。

ありがとうございました。またお会いしましょう。

二〇二二年　四月

しのはら史絵

弔い怪談 呪言歌

2022年5月7日　初版第一刷発行

著者……………………………………………………………………しのはら史絵
カバーデザイン…………………………………………橋元浩明（sowhat.Inc）

発行人…………………………………………………………………後藤明信
発行所……………………………………………………………株式会社　竹書房
〒102-0075　東京都千代田区三番町8-1　三番町東急ビル6F
email: info@takeshobo.co.jp
http://www.takeshobo.co.jp
印刷・製本……………………………………………………中央精版印刷株式会社